大唐饗宴

辦一桌

張金貞 著

唐朝廚房有什麼？從西域胡食到帝王御膳，兼容天下的美食文明初體驗

目錄

食之篇

第四章　稻米流脂粟米白／95

第五章 朱門庖廚俱玉饌／129

第六章 京都餅餌逐時新／155

飲之篇

引子

唐德宗貞元年間[1]，有一位吃貨將軍曾說，「物無不堪吃，唯在火候，善均五味」。戎馬倥傯的戰場上，他曾以破敗的馬具障泥、藏矢的器具胡盝為食材，處理炮烹後食用，據說其味極佳。

又有道家陳景思說，大唐敕使齊日升家種植櫻桃，每年農曆五月中旬成熟，他家的櫻桃皺如「鴻柿」一般，卻並未因過於成熟而發生自由落體運動。此處的鴻柿大概是一種熟得全然變形的柿子。這種熟透的櫻桃，其滋味遠遠比因循正常時節採摘的更佳。此為敕使家的獨門祕訣，旁人不測其法。

縱覽史料，「物無不堪吃」並不只是吃貨將軍的想法，大多數唐人亦秉持類似的觀念。尤其是在宴飲方面，唐人格外崇尚新奇，極盡「造業」之能事。與現代人一樣，唐人競相追逐異域飲食文化。他們所推崇的西洋文化主要是來自玉門關、陽關以西的西域文化。

唐人在飲食方面豪舉頻現：一份標準規格的「古樓子」至少需耗費一斤羊肉，相當現代公制的六六一克，今天的肉夾饃與之相比頓覺寒磣非常；「渾羊歿忽」這道餚饌，他們只吃羊腹中的童子鵝，至於充當烤爐用的那隻烤全羊，則一把被擲出了窗外；「燒尾宴」上的素蒸音聲部，清蒸七十名麵粉捏製的女藝人；還有一道「升平炙」，涼拌三百多條羊舌與鹿舌……

此外，他們還有諸多在今人看來頗為奇異的飲食習慣。比如在茶水裡面加入胡椒、薑、桂皮等烹煮葷腥所用的調料。再如，在日常飲食中，米飯、粥、魚類、蔬果等食物皆調入牛羊奶加以佐味。

在飲食史上，唐代這一歷史時期大有可觀：葡萄酒在中國的盛行肇始於太宗時代；國人全民飲茶的風習濫觴於開元年間[2]；高桌大椅成為中國人家中標準的陳設，會食制、合食制的誕生以及三餐制的普及都發端於唐代。

無物不吃、好奇尚異、豪邁不群也是唐人的一種人生姿態。若僅以吃論吃，意趣未免低下，故本書試以飲食管窺唐人的生活方式與唐代的社會歷史。筆者文必出注，所引古文皆有案可稽。如此一來，雖然在行文上略顯繁瑣，但也期待藉此在供大眾消遣閱讀的同時，能為唐代飲食的愛好者提供一些擴展閱讀的文獻門徑。

註釋

1 西元七八五—八〇五年。
2 西元七一三—七四一年。

俗之篇

第一章　魚躍龍門上燒尾

一、鯉魚跳龍門之後

相傳，河東[1]境內有一座龍門山。大禹「鑿山斷門」之後，黃河自其間流下。每年春天，五湖四海的黃鯉魚爭相來赴，以求躍過龍門。然而，一年之中登龍門者寥寥無幾。鯉魚初登龍門時，剎那間烏雲密布、風雨交加。繼而幾道閃電自天而降，天火隨之而起，烈火自鯉魚身後焚其尾部，似鳳凰涅槃一般，如此浴火重生之後的鯉魚方能蛻變為龍。[2]這個鯉魚跳龍門的傳說被記載在成書於漢代的《三秦記》中。

於是，鯉魚跳龍門時的「燒尾」被古人引申為士人中舉或官場升遷。「燒尾」一詞還存在另外兩種說法：一說是指虎變為人，唯尾不化，只有焚除；二說認為，新羊初入羊群時，為諸羊所觸，焚除尾部可相親附。無論是鯉魚跳龍門，還是獸幻化為人形，再抑或新羊入群，皆可喻為舉子或官員們的社會地位一朝發生急劇的轉變，即將飛黃騰達。

至唐代，政界出現舉辦「燒尾宴」的風習。此種「士人初登第」或官員「升階」的宴請，史上稱為燒尾宴。燒尾之習，大概肇始於唐初[3]，風行於唐中宗時期。景龍年間[4]，青雲直上的韋巨源「上燒尾」以謝皇恩，可以說是唐代燒尾宴登峰造極的時代。

韋巨源出身於京兆官宦世家，發跡於武則天時期，曾任司賓少卿，後累遷並加授同鳳閣鸞臺平章事，成為宰相，武周證聖初年[5]，受政治牽連被外放為鄜州[6]刺史，未幾又被召回，長安二年，成為刑部尚書。唐中宗復辟後，韋巨源擔任工部尚書，受封同安縣子，不久升為吏部尚書，另加同中書門下三品頭銜，再一次官拜宰相。

韋相公為表對天子的感恩戴德之心，遂進呈珍饈玉饌。此後，燒尾宴在大唐歷史上風靡了起來。宴上百味雜陳，豐美自不待言。然而，燒尾宴窮奢極侈，有傷風化。玄宗即位之初，移風易俗、提倡節儉，於是燒尾之風逐漸止息。

韋巨源的燒尾宴，享用的主角是曾被人們戲稱為「和事天子」的中宗李顯。景龍三年[7]，監察御史崔琬彈劾官員宗楚客，說他與紀處訥[8]潛通戎狄，受其賄賂，以致引發邊患。但宗楚客卻並不認罪，憤怒作色、自陳忠鯁，反詰御史誣陷。於是，兩人鬧得不可開交。中宗對通狄之事卻並未追根刨底，還命崔琬與宗楚客和解，乃至結為兄弟，時人謂之「和事天子」。[9]同時後世坊間還授予他另一個滑稽的諢名——六味地黃丸[10]。關於這一雅號的由來，據說因為他本人是皇帝，其父李治是皇帝，其子李重茂是皇帝，其胞弟李旦是皇帝，其侄兒李隆基也是皇帝，甚至連他母親武則天都是皇帝！

二、上一桌唐代御宴

唐代的燒尾宴為後人目為中國古代五大名宴[11]之一。出於偶然而傳世的《燒尾食單》，雖說已經殘缺不全，卻為研究唐宮飲饌留下了一筆寶貴的財富。該食譜最初在民間流傳，其後被陶穀[12]收輯在《清異錄》中，方得以流芳百世。再後來，元末明初的陶宗儀在他所編撰的《說郛》一書中轉錄該食譜。美中不足的是，全席食單中只留下五十八種餚饌的名稱以及後人寥寥可數的註文。

《燒尾食單》的部分菜式如曼陀樣夾餅、巨勝奴、婆羅門輕高麵、貴妃紅、七返膏、御黃王母飯、生進二十四氣餛飩、同心生結脯、唐安餤、玉露團、天花饆饠、素蒸音聲部、白龍臛、鳳凰胎、八仙盤、格食、蕃體間縷寶相肝……僅看食譜一隅就足以令人如坐雲霧、目眩神搖了。

（一）「洋氣」的巨勝奴

巨勝奴為何物?「巨勝」是一種胡麻，原本生於大宛國，古人眼中的大宛屬於胡地，故稱之胡麻。胡麻即現在隨處可見的黑芝麻。胡麻中，顏色純黑飽滿的顆粒名為巨勝。不過也有人將莖部方者稱為巨勝，圓者叫作胡麻。[13]還有說法認為，用巨勝之名，是為形容其開花時的盛況。至於「奴」字，通常被古人用於動植物及器物等名詞之後。

《燒尾食單》中的巨勝奴被後世註解為「酥蜜寒具」[14]。何為寒具？寒具是一種油炸的乾製麵食，冬春兩季可貯存數月，至寒食節禁煙時取用，故名。北魏人稱寒具為細環餅。[15]製作寒具，油、麵粉、水以及蜜汁或紅棗必不可缺。蜜汁與水調和後用以浸泡麵粉，若無蜜汁，則以熬煮的紅棗湯汁代替。牛羊的脂膏也頗適宜用來烹製寒具，若有牛羊乳則更妙，乳汁可使寒具馨香酥脆，口感甚佳。純用乳溲的寒具入口即碎，脆如凌雪，滋味非凡。[16]「酥蜜」二字透露，巨勝奴的製作過程中還調入了奶製品和蜂蜜以增醇提味。值得一提的是，酥與酪都是唐人日常生活中較為高檔的調味品。酪是由牛、羊、馬等動物乳汁製成的半凝固狀食物，酥則是酪煎煉後的產物。

原來，所謂的巨勝奴是一道添加黑芝麻、酥酪以及蜂蜜的油炸乾製甜點，類似於今天的饊子。

饊子也是一種油炸食品，香脆精美。北方的饊子以麥麵粉為主料，南方則多用米粉，兩者各有千秋。饊子的同類很多，比如粔籹[17]、環餅、捻頭等，它們或許同屬一物。這些食物大多歷經數千年的演變，形制與稱謂也許會因年代或地域而改變，卻都以麵粉或米粉為原料，且經油炸而成。

（二）婆羅門輕高麵

「婆羅門」是梵語的音譯，它有兩個含義。婆羅門可用來稱呼高居四大種姓之首的古印度僧侶貴族。這些僧侶貴族世代以祭祀、誦經、傳教為業，他們掌握神權，壟斷知識，享有特權，是社會精神生活的統治者。不過，「婆羅門」一詞還可作為國名，特指古印度。中國自東漢以後對印度即有此稱呼。東漢永平年間[18]，一些古印度的婆羅門僧人與佛門高僧相繼來華布道。唐代時期，兩邦交往甚密。大唐僧人清江曾與婆羅門僧人有過應酬交往的經歷，並留有《送婆羅門》一詩。

燒尾宴上這道婆羅門輕高麵，飽含著古印度的神祕色彩。它應當是一種饅頭，聽起來似乎平淡無奇，但它能在燒尾宴中出現，必有其獨勝之處。此道麵食足以見證古印度文明對大唐飲食文化的滲透，這大概正是韋巨源將它列入《燒尾食單》的一大緣由。婆羅門輕高麵既蘊含蒸製麵食綿軟柔滑的特質，也有著發酵麵點豐腴挺拔的英姿，細細咀嚼之後還略帶絲絲甜味，餘味無窮。

（三）清蒸七十名女藝人

在燒尾宴上，將蒸麵技藝發揮到淋漓盡致的境界，當屬素蒸音聲部這道麵點。

在唐朝，宮內外的歌女、樂隊乃至家伎被統稱為音聲人，音聲部即為這些藝術工作者的組合；素蒸，可能意味著這數十個麵人是帶素餡籠蒸而成。《燒尾食單》中，素蒸音聲部注曰：「麵蒸，像蓬萊仙人，凡七十字。」[19]即以麵粉為主要原料，打造出七十位如蓬萊仙女般栩栩如生的音聲人，其中必有鼓瑟吹笙者，放聲高歌者，蹁躚起舞者，鸞姿鳳態各異，堪稱古代麵塑工藝的一朵仙葩。

麵塑藝術的材料通常包括麵粉、糯米、甘油以及蜂蜜，它們的有機組合能使工藝品不至於迅速乾裂，素蒸音聲部的創製想必也無法離開這些東西。唐代沒有甘油，應該是以其他可食用且功用相近的素材代替。現代麵塑藝術中，麵粉等物被具有質輕、易乾以及自帶黏性等特質的超輕黏土所取代，搓球、壓平和捏薄是其基本手法，素蒸音聲部的塑造由此可窺一斑。

與今天有所不同的是，在唐人的宴飲文化裡，絲竹與歌舞的相伴天經地義，可以說無歌不成宴，無舞不成席。這七十位蓬萊仙女恰好為此宴助興，確實匠心獨具。席間歌舞昇平，案上別有洞天，讓人心醉神迷。

毋庸置疑，素蒸音聲部顯然是一道經典的看菜。唐代的看菜不同於前朝，隋人的看菜大多為欣賞之用，而在唐人心中，光看不吃怎能盡興呢？他們是一群豪放的饕餮客，欣賞一番後，分而食之。

隋唐時代的看菜藝術流芳千古，對後世的看菜技藝與麵塑工藝影響深遠。五代的比丘尼梵正根據王維的《輞川圖》庖製出一道珍異的看菜——輞川小樣。她以鮓、臛[20]、膾、脯、醢[21]、醬、

《輞川圖卷》王維原作，宋代郭忠恕臨摹。國立故宮博物院藏品。

瓜、蔬等為主要素材，取食物之本色造景，若在座有二十人，則每人盤中分裝一景，合成整道輞川小樣。[22]輞川小樣人稱「菜上有山水，盤中溢詩歌」，秀色可餐、精妙絕倫。梵正以此饌稱絕於世，被譽為中國古代十大名廚之一。

（四）給粽子賜件五品官服——賜緋含香粽子

緋，即紅色。粽子因何被賜緋？這要從古代的服章之制開始談起。

服章之制是古代官僚社會的身分象徵之一，包括服飾的形式、色彩以及佩飾。唐代因襲前代的服章制度，結合本朝審美情趣，形成具有大唐特色的品色服制度。從服色方面來說，高祖、太宗、高宗統治時期，都對官員的服色做過具體規定。其中，貞觀四年[23]朝廷下詔規定：三品以上服紫，五品以上服緋，六品、七品服綠，八品、九品服青。[24]品級分明、不容僭越。

在服色方面，紫色在諸色中的地位流變最為崎嶇。由於紫色為道家所推崇，自稱是老子之後的李唐王朝遂保留其高位。唐代時期，道教上升為國教，唐人便對紫色懷有一種特殊的敬畏與摯愛，因而紫色成為僅次於赤黃色的一種高貴色彩。這一定位對後世影響深遠，《紅樓夢》的《好了歌》中就有「昨憐破襖寒，今嫌紫蟒長」[25]之句，此處的紫蟒指高級官員的官服。

至於緋色，在服色方面的尊貴地位則起伏甚少。

賜紫或賜緋往往是古代天子對不夠資格服紫或服緋官員的恩賜，以示表彰與恩寵。古人時常將賜緋的對象從人延伸至物。譬如，唐玄宗把骰子上的四點飾以硃色曰賜緋，粽子被賜緋也就不足為奇了。賜緋含香粽子，大概是一種通體遍淋琥珀色的蜂蜜或者用紅色飾物加以裝點的粽子。

每逢夏日來臨之季，在古城西安就有既不包餡，又未嵌果的蜂蜜涼粽子出售。它形似菱角，瑩白如玉，詩人元稹曾以「白玉團」盛譽之。若要讓粽子達到似「白玉團」那般的極致狀態，關鍵是清洗和浸泡。另外，粽葉也需在清水中浸透。當一粒粒糯米在盆中吸足水分之後，便可動手包粽子了。粽葉先捲成一個錐形的小兜，然後將糯米裝入並包裹嚴實。為防止散開，用細繩將其五花大綁後，方可置於大鍋內燒煮。

粽子燜熟後再瀝水晾乾，享用之前先「寬衣解帶」。隨後，玲瓏剔透、光潔璀璨的瑩白玉肌乍現眼前，小心擱在瓷盤上，以絲線或者竹刀割成薄片。最後一步是在如凝脂白玉一般的「嬌軀」上澆一層琥珀色的蜂蜜與桂花漿，再撒幾片含羞欲滴的玫瑰花瓣。此時的蜂蜜涼粽，香袍裹身、絢麗多姿，英姿勃發卻又不失俏麗動人之態，說她穿了一身緋色的袍衫也未嘗不可。瓷盤上的蜂蜜涼粽，聞之芳香襲人、沁人肺腑，咀嚼之際齒間有筋軟涼甜之意，色香味絕佳，別有一番滋味在盤中。

（五）高級御廚為你現場顛勺製䭔

䭔的烹製離不開麵粉和油，此處所說的麵粉並不一定特指麥粉，也許是其他研成粉狀的糧食，比如粟米粉，或者以麥粉為主料並羼雜部分粟米粉的混合物。[26]䭔是一種高檔的點心，其製作方法相當考究，唐代宮廷裡有專門的䭔子手。《盧氏雜說》中記載了唐宮尚食局的一名䭔子手前往民間獻技報恩的事蹟。

昔年，官員馮給事前去中書省恭候宰相，在門口見一位身著緋色袍衫的老者正俟候通報。當時夏譙為宰相，留坐馮給事，論事甚久。當馮議完事後起身出門，眼見日已西斜，那位老官人竟然還佇立原地。馮遂遣侍從相問，得知他是新上任的尚食令，求見宰相有要事相商，馮便請中書省內的官員代為通報。那位尚食令事畢出門時，發現馮因事耽擱，未曾離去。為表感恩之心，他提出要為馮府獻藝。馮家素來精於飲饌，聞言後滿心歡喜，進而詢問對方需作何準備，答曰：「要大臺盤一隻，木楔子三五十枚，及油鐺、炭火，好麻油一二斗，南棗、爛麵少許。」

萬事俱備之後，尚食令如約而至。他以製作䭔子為絕活，大展身手之前，先更換一套廚房專用的衣衫以避免御賜的錦袍沾染油汙。馮家視為新奇，特設簾幕以備欣賞大作。

只見他先檢視臺盤四周是否平正，有不平之處以木楔填入，爾後起油鐺，揉爛麵，還從腰腹間的寬巾內取出銀盒、銀篦子[27]以及銀笊籬[28]各一枚。待油煎熟後，他又自銀盒內取出䭔子餡，嫻熟地用手掌將它團在爛麵中，之後用篦子將五指間滲出的爛麵刮除。爛麵被分流成一縷一縷，隨即墜入油鐺中。等䭔子炸至金黃，以笊籬漉去熱油並撈出，置入新汲的清水之中。許久，取出䭔子，再一次投入油鐺，沸數秒後撈起。如此冷熱交替、水油並用，料想是為讓䭔子更為酥脆。

䭔子出鍋後，他信手將其拋在大臺盤上，臺盤旋轉不停，卻未傾倒。所有的環節皆絲絲入扣，老練嫻熟。馮家人品嚐佳作後，連連贊曰：「其味脆美，不可名狀。」[29]

顯而易見，尚食令在馮府所展示的䭔子是一種細長、棗泥口味的油炸甜點。《燒尾食單》裡也有兩道䭔子：火焰盞口䭔與金粟平䭔。金粟平䭔是以上好的粟米麵以及魚子為原材，不過金粟平䭔的形質尚未可知，有以下幾種推測：

1. 呈長條形，魚子有機地融合進粟米麵後入鍋煎炸，如去馮家獻藝的尚食令所烹製的棗泥䭔一般。
2. 其他形狀，比如盞形或圓形，火焰盞口䭔就是一種盞形的䭔子。火焰盞口的命名強調火焰盞口，可能是結合了火焰與杯盞的外形，盞口內或許還可夾餡。《燒尾食單》之「火焰盞口餡」條的註解透露，此餡還分上下兩部分，其口感與形態不盡相同。火焰盞口餡現身於以豪奢新奇著稱的燒尾宴，必定是稀罕之物。

3. 唐代人有食用生魚片的愛好，想來吃生魚子也是一件平常事，所以魚子醬也許是直接鋪在炸好的粟米餡子上。這種方式可使金黃酥脆的金粟平餡更添幾分純正的鮮味，粟米經油鐺與炭火的洗禮後，再加上魚子的點睛，想必色味絕佳。

魚子醬與生魚片是唐人生活中常見的食物，現代人追捧的東洋餐與西洋餐中，這兩種食物也是重頭戲，不過中國民間傳說認為小孩食用魚子會影響智商，比如認不得秤或算不好帳等。古人認為，食用生物腹中的子、卵、胎是一種罪孽，會受上天的懲罰，不該讓孩子承受，想來才編出此說。

唐代初期，長安城已經出現專門經營餡子的店鋪。貞觀年間[30]，有一位名為馬周的青年才俊。他初到長安求取功名時，就住在一家「賣餡媼肆」。馬周得到餡肆主人的悉心照顧，功成名就後，他風光迎娶餡肆的姑娘為妻。[31]馬周早年淪為孤兒，家境貧寒，西遊長安後竟能官至宰相。

迄今為止，我們並未見到唐代餡子實物的出土，其具體形制如何，猶未可知。在我的記憶中，故鄉浙江溫嶺有一種呼為「油墜」的油炸小點心，兒時尤嗜之，不知此物是否與唐代的餡子有關。

（六）可以炫富的麵食——餅餤

隋朝末年，有一個名叫高瓚的人，他與諸葛昂兩人作風豪侈、生性殘忍，經常在一起爭強賭富，甚至蒸煮人肉相互招待。高瓚府邸以設宴為家常便飯，時常在宴上擺出「闊丈餘」的薄餅以及「粗如庭柱」的裹餤。[32]可見，此處的餤是一種圓桶狀並裹有各種餡料的麵食。

餅餤最大的特徵是直徑闊達，這點在不少史料中可以得到印證。咸通十一年[33]，唐懿宗之女同昌公主去世，「上賜酒一百斛，餅餤三十駱駝，各徑闊二尺，飼役夫也」。[34]又如，《玉堂閒話》記載：「有大餅餤下於諸客之前，馨香酷烈。」[35]

除了食用與擺闊作用之外，餅餤還具備裝飾的功能，帶有看菜的意味。「郭進家能作蓮花餅餤，有十五隔者，每隔有一折枝蓮花，作十五色。」[36]唐人春日裡出遊，「以脂粉作紅餤，竿上成雙桃，夾雜畫帶，前引用車馬」。[37]

有些唐人吃起餅餤來，一肚子就能容下十四五個。唐代的餅餤品類繁多、名目不一，有盂蘭節食用的盂蘭餅餤，臘月裡的臘日脂花餤，春天的春分餤，駝蹄為餡的駝蹄餤，色澤蔥翠的瓏璁餤，用紅綾裝點且被大唐天子用來賜予新進士的紅綾餅餤，以及燒尾宴上出現的唐安餤等。

三、天香滿瑤席

本章側重對《燒尾食單》中的麵點進行細說，食單中其實還有不少菜式尚未加以細緻描摹。雖然傳世的五十八道菜品尚存些許疑竇，如諸多菜色的選材與炮烹手法不甚明瞭，或許會有些許訛誤，但敝人以為有必要將《燒尾食單》中殘存的美饌悉數列出，並分而論之，以御膳饗宴讀者。其中，生進二十四氣餛飩、天花饆饠、丁子香淋膾以及御黃王母飯等在其他章節有所涉及，此處不再贅述。

單籠金乳酥：用未隔斷的獨隔蒸籠蒸製的點心，加入乳汁或奶酪，酥軟金黃、奶香四溢。

曼陀樣夾餅：製成曼陀羅花形的一種餅，烘烤而成。

貴妃紅：可能是加入蜜糖的酥餅，並呈現醉人的紅色，正如貴妃兩頰胭脂的顏色。

七返膏：將麵餅反覆捲七卷做出四朵花形，後人的註解認為是糕子。道家的養生與佛教的素食，都對唐朝的飲食文化有著舉足輕重的作用。道家養生理論認為修煉「精炁神」[38]有七層境界，道教術語為「七返」。七返膏之「七」，想來與天花中的餡料九煉香之「九」旨趣相通。道家膳食攝生之術源遠流長，為皇孫貴戚、簪纓世族和文人墨客推崇備至。唐代盛行五穀雜糧養生，有人認為，七返糕原是道家修煉時以五穀為基礎食材的一道麵點。

生進鴨花湯餅、漢宮棋：皆為水煮麵食。生進鴨花湯餅的「生進」二字，是指未經燒煮進獻到皇宮，通過宮中尚食局的加工後進奉御前。水煮麵食不同於其他麵食，一旦久置，色香味俱消，湯湯水水也不適宜車馬顛簸。生進二十四氣餛飩的「生進」二字當與之同理。漢宮棋即用模具將麵印成棋子的造形再入鍋煮。聽聞這道餚饌是在武則天嗜好棋類博弈，進而大肆推廣之下才開始風靡的。

見風消：一種油炸的麵食，以挺拔、輕薄、酥脆為特質，入口即消。其實，真正的見風消是一味消風敗毒的良藥。這種油炸麵點為何與草藥同名呢？傳說，當年唐太宗在皇家獵場打獵期間，御廚為他做油糕時手一哆嗦就多放了點油，結果做出來的油糕竟然起了一個大泡。當奉至太宗駕前，剛好一陣風颳過，油泡就碎了。太宗視之不吉，身旁的內侍以「碎碎平安」之意化解。

金銀夾花平截：推測蟹膏是金黃色，稱為金；蟹肉是銀白色，叫作銀，蟹膏與蟹肉的細碎夾在麵皮裡再包裹好，故名金銀夾花。依次均勻地截成小段後擺盤，謂之平截。

雙拌方破餅：一種方形麵點，形制不明。

玉露團：在乳酪上用雕刻或彩繪的藝術手法精製而成的一道甜品，色澤如秋天清晨瑩潔如玉的露水。「玉露沾翠葉，金風鳴素枝。」[39]光是「玉露團」的芳名就足以讓人心生憐惜。玉露也是一種植物，植株玲瓏小巧，葉色晶瑩剔透，為近年來人氣頗旺的小型多肉植物品種之一。莫非是唐人引領了二十一世紀的潮流？未必如此。一來，唐代是否有這種植物未為可知，二來，即便是有，也未必稱其玉露團。

甜雪：用蜂蜜或蜜糖為食材，文火烤製的一種瑩潔如雪的甜點。

八方寒食餅：八方即東、南、西、北、東南、西南、東北、西北八個方向的總稱，一般用來指所有方向。大概是用模具印出象徵八方的麵餅，在寒食節禁煙火的特殊日子裡食用，可知是一種乾製麵點。

金鈴炙：用酥酪將卵脂[40]包裹好，用模子印成金鈴狀，炙烤而得的甜品，以酥香金黃為特質。炙為唐人慣用的烹飪手法，《清異錄》卷四中還提及一道名曰逍遙炙的餚饌，「睿宗聞金仙、玉真公主飲素，日令以九龍食輿裝逍遙炙賜之」。逍遙炙為唐宮中的一道素食，天子所賜，以九龍食輿盛裝，想必非凡。

通花軟牛腸：羊胎中的膏脂精髓灌入牛腸內，需以文火蒸燉。

光明蝦炙：烤活蝦。「光明」二字，一般認為是由於烤好的鮮蝦光澤鮮明透亮，故名。

同心生結脯：生肉切成細薄的長條狀，其後打成同心結，再風乾成肉脯後蒸食。

冷蟾兒羹：羹湯時常被現代人連用，事實上，羹有別於湯。古時候，羹最初是指帶汁的肉，後來成為一種熬煮的調味濃湯或薄糊狀菜式的統稱，此時的羹似乎有著烹飪中勾芡的意味。但羹也有可能是主食，浙江東南沿海一帶就有一種名為「麥羹」的古老麵食。因而，冷蟾兒羹並非指清水汆煮的蛤蜊湯。

中國古代藏冰、用冰的歷史至少可以上溯到西周時期，西周以降，歷代封建王朝均設有專職的官員或機構來管理藏冰之事。所以，冷蟾兒羹或許是一道冰鎮後的蛤蜊濃羹。蛤蜊在沿海一帶並不稀有，但對於地處內陸的長安來說，實屬罕見。長安的海貨與貴妃嗜食的荔枝一樣，皆仰賴於流星快馬傳驛而得，其珍貴程度可想而知。

水晶龍鳳糕：將棗子嵌入糯米中，蒸到糯米綿軟，以及棗餡爆出為止。米糕軟糯，白亮如水晶，並有紅豔豔的棗子點綴其間，璀璨奪目。

長生粥：古人認為食用胡麻可成仙，長生粥也許是胡麻粥，即一種含有芝麻等可延年益壽類食材的精製粥品。

白龍臛：鱖魚絲熬燉的一道羹臛類美饌。

鳳凰胎：雞腹中未生的雞蛋與魚類的精巢混合烹製。值得一提的是，中國先民食用蛋類的歷史最晚可追溯至西周時期。近年，位於江蘇地區的周代土墩墓群中有西周時期的鹹鴨蛋出土，據介紹，出土陶罐內的鹹鴨蛋已醃製了二五〇〇年左右。

羊皮花絲：將蒸至熟軟的羊皮切成細長的條狀，加上各色佐料涼拌而成。

逡巡醬：八成是魚和羊外加特製的醬料精心烹煮所得。

乳釀魚：普遍觀點認為此菜是以羊奶燒煮的全魚。

蔥醋雞：蒸鮮雞。不過，有人認為蔥醋雞是一種專門吃蔥喝醋的雞，聽起來似乎荒誕不經。然則，在大唐人眼中「物無不堪吃」，足見他們的特立獨行，因而以蔥和醋飼養家禽，想來也非天方夜譚。

吳興連帶鮓：用鹽與紅麴醃製的魚類，未經缸內發酵，來自今天的湖州一帶。

西江料：加特殊佐料所蒸製的豬肩胛肉屑。

紅羊枝杖：紅羊是我國北方的珍稀羊種。此饌的註解為「蹄上裁一羊，得四事」，這裡的「四事」也許可解釋為將紅羊蹄子切成四塊。至於具體如何烹飪，《清異錄》並未對此進行詳實記載，不過，我們可以從清代中期的烹飪書籍《調鼎集》中窺見一斑。在該書「羊蹄」一欄中有一道叫作「紅羊枝杖」的美食，其製作手法為：「蹄上截一半，得四塊，去骨切片煨，亦可糟。」從描述來看，其法為：「將紅羊的兩條蹄子切割成四塊，分別去骨切片後，以文火慢燉，或者將切片後的紅羊蹄進行糟製。」

升平炙：涼拌三百多條羊舌與鹿舌，這一大盤涼菜令人瞠目結舌，唐人的粗獷豪邁又一次彰顯。

八仙盤：鵝肉涼盤，可能是一鵝八吃，或者整隻鵝大卸八塊後擺盤食用。

雪嬰兒：蛙肉處理後，再裹以豆莢煎貼而成。因色白如雪，形似嬰兒，故名。

仙人臠：雞塊蒸燉好，用乳汁調製後食用。

小天酥：烹熟的雞肉、鹿肉剁碎後再加入特製的熟米粒涼拌。

分裝蒸臘熊：用冬日裡風乾的臘熊肉分裝蒸熟。

卯羹：燉兔肉羹。

青涼臛碎：大抵是將精肥適宜的狸肉羹封缸，冰鎮後食用。

筯頭春：活烤鶉鶉。

暖寒花釀驢蒸：用酒等輔料浸泡驢肉良久，旺火猛蒸後，再以文火燜爛。

水煉犢：清燉小牛，強調火力。

五生盤：羊、豬、牛、熊和鹿五種動物一起精細烹調後所得。

格食：為羊肉、羊腸以及羊內臟纏豆苗烹製。

過門香：用料不詳，所有的食材在油鍋中一起烹炸而成。

纏花雲夢肉：纏繞成花形並捲壓起來的一道肉菜。

紅羅飣：一道羼雜動物腸血的菜品。

中唐寶相花紋葵花鏡。國立故宮博物院藏品。

遍地錦裝鱉：以甲魚為食材，調入羊油與鴨蛋，再配以其他各種色彩的食材。

蕃體間縷寶相肝：整體呈現寶相花形的動物肝臟冷盤，應當是盛在大盤內的一道看菜。寶相花又稱寶仙花、寶蓮花，通常是以牡丹或蓮花等為主體，且中間點綴著其他花葉造形的一種吉祥紋飾，流行於隋唐時期。一九七二年，新疆吐魯番阿斯塔那墓出土了一個唐代的月餅，餅上的紋飾就是這種寶相花紋，關於這個月餅，本書麵點部分將會著重介紹。

湯浴繡丸：類似於以肉糜、蛋類以及麵粉團成的獅子頭，用油煎至半熟後，與高湯一起入鍋煨煮。

行文至此，燒尾宴上的五十八道饕餮大餐已基本奉上。

曾經獨領風騷的唐代燒尾宴，一度終結在一個名叫蘇瑰的人手中，此人在唐中宗時累拜尚書右僕射、同中書門下三品，進封許國公。按照慣例，蘇瑰理應舉行盛大的燒尾宴以示感恩與慶賀。然而，他卻對皇帝進諫道：宰相有「調和陰陽，代天治物」[41]的使命。如今糧價飛漲，百姓與將兵們都吃不飽，是臣的失職，因此不敢舉辦燒尾宴。

有史以來，宴席不僅僅限於胡吃海喝，它更是一個交際場與名利場。唐朝宰相韋巨源深諳其中之道，便設下水陸全席向聖上邀寵。隨著時光的飛逝，燒尾宴的負面作用早已沉入歷史長河的底部，它已經被視為唐代豐富的飲食資源，高超的炮烹技藝以及唐人追求新奇生活情趣的集中體現。

縱觀《燒尾食單》中殘存的五十八道菜式，除卻大唐境內東西南北菜系相互融合之外，最大的特點就是頗具域外風情。值得一提的是，此宴在中國飲食史上扮演著舉足輕重的角色。

註釋

1 古地區名。戰國、秦、漢時指今山西省西南部；唐以後泛指今山西全省。因黃河經此作北南流向，本區位在黃河以東而得名。

2 〔宋〕李昉：《太平廣記》卷四六六引〔漢〕辛氏：《三秦記》之《龍門》，民國景明嘉靖談愷刻本。

3 〔唐〕封演撰，趙貞信校：《封氏聞見記校注》卷五，中華書局，一九五八年三月，頁三八。「貞觀中太宗嘗問朱子奢燒尾事，子奢以燒羊事對之。」

4 景龍（西元七〇七—七一〇年），唐中宗年號。

5 西元六九五年為證聖元年。

6 大體相當於陝西北部的富縣。

7 西元七〇九年。

8 秦州上邽人，今甘肅省天水市清水縣，娶武三思妻之姊，依附宗楚客，累遷太府卿，時人將其與宗楚客合稱為「宗紀」。

9 〔唐〕杜佑：《通典》卷二十四《職官》六，清武英殿刻本。

10 六位帝皇丸。

11 相傳為滿漢全席、孔府宴、全鴨席、燒尾宴、文會宴。

12 陶穀（九〇三—九七〇），本姓唐，字秀實，邠州新平（今陝西彬縣）人，早年歷仕後晉、後漢、後周，北宋建立後，陶穀出任禮部尚書，後又歷任刑部尚書、戶部尚書。開寶三年（九七〇）病逝，追贈右僕射。

13 〔明〕李時珍：《本草綱目》卷二十二《谷之一．胡麻》，清文淵閣四庫全書本。

14 〔唐〕韋巨源：《食譜一卷》。〔明〕陶宗儀等編：《說郛三種》之《說郛一百二十卷》卷九十五，上海古籍出版社，一九八八年十月，頁四三三八。

15 〔北魏〕賈思勰：《齊民要術》卷第九，四部叢刊景明鈔本。

16 〔北魏〕賈思勰：《齊民要術》卷第九。

17 以蜜和米麵，搓成細條，組之成束，扭作環形，用油煎熟所得。

18 西元五八—七五年。

19 〔唐〕韋巨源：《食譜一卷》。〔元〕陶宗儀編：《說郛三種》之《說郛一百二十卷》卷九十五，頁四三三八。

20 肉羹。

21 用肉、魚等製成的醬。

22 〔宋〕陶穀：《清異錄》卷四，民國景明寶顏堂祕籍本。

23 西元六三〇年。

24 〔五代〕劉昫：《舊唐書》卷四十五《志》第二十五，清乾隆武英殿刻本。

25 〔清〕曹雪芹：《紅樓夢》第二回《賈夫人仙逝揚州城，冷子興演說榮國府》，清乾隆五十六年（西元一七九一年）萃文書屋活字印本（程甲）。

26 敦煌文書頁四六九三《造餠冊》：「䭔，頭索員昌、汜定興、陰章佑，付麵一斗八升，油一升半，粟一斗。」轉引自黃正建：《走進日常：唐代社會生活考論》，中西書局，二〇一六年六月，頁九四。

27 一種梳頭、潔髮用具。中間有一樑，兩側有密齒。

28 古代庖廚中的常用器物，可用於從水裡撈東西。長柄，能漏水，形似蜘蛛網。多以竹篾、柳條或金屬線編製而成。

29 〔宋〕李昉：《太平廣記》卷二三四《尚食令》，中華書局，一九六一年九月，頁一七九五。

30 西元六二七—六四九年。

31 〔宋〕李昉：《太平廣記》卷二三四《賣䭔媼》，頁一七九五。

32 〔唐〕張鷟：《朝野僉載．補輯》，中華書局，一九九七年十二月，頁一七五。

33 西元八七〇年。

34 〔唐〕蘇鶚：《杜陽雜編》卷下，見《唐五代筆記小說大觀》，上海古籍出版社，二〇〇〇年三月，頁一三九六。

35 〔宋〕李昉：《太平廣記》卷二八一引《玉堂閒話》之「邵元休」條。

36 〔清〕陳元龍：《格致鏡原》卷二十五，清文淵閣四庫全書本。

37 〔唐〕馮贄：《雲仙雜記》卷八，四部叢刊續編景明本。

38 炁，古同「氣」。

39 〔南齊〕謝朓：《泛水曲》，《謝宣城詩集》卷二《鼓吹曲》，明末毛氏汲古閣景寫宋刻本。

40 可能是蛋類為主料所製的食材。

41 〔唐〕劉肅撰，許德楠、李鼎霞點校：《大唐新語》卷三《公直》，中華書局，一九八四年六月，頁四五。

第二章　枉收胡椒八百石

一、腹黑才子的難言之隱

武周時期，才華卓異的宋之問向武則天毛遂自薦，希望自己能成為一名北門學士[1]。不過這次自薦遭到天后的拒絕，於是宋之問作《明河篇》以探其意。詩末云：「明河可望不可親，願得乘槎一問津。更將織女支機石，還訪城都賣卜人。」[2]

後來，不少人便根據這些詩句揣度宋之問的內心世界，認為他做夢也想與貌似蓮花的張易之、張昌宗兩兄弟一樣，爬到武則天的龍床上去。

雖然武后在宮內蓄養了不少男寵，但在不少好事者的慫恿下，英俊少年們依舊向她紛至沓來。當時，有位叫朱敬的大臣實在看不過去，向武則天進諫道：

> 臣聞志不可滿，樂不可極，嗜慾之情，愚智皆同，賢者能節之，不使過度，則前聖格言也。陛下內寵已有薛懷義、張易之、昌宗，固應足矣！近聞尚舍奉御柳模自言子良賓潔白，美鬚眉，左監門衛長史侯祥雲陽道壯偉過於薛懷義，專欲自進，堪奉宸內供奉，無禮無儀，溢於朝聽，臣愚職在諫諍，不敢不奏。[3]

這段話的大意是說，女皇陛下，不管聖人還是愚人都會好色，但聖人的可貴在於能夠自制。能不能收斂一點？您已經有薛懷義、二張等男寵了，近來又聽聞「潔白，美鬚眉」的柳模之子柳良賓，以及「陽道壯偉」的侯祥雲又要進內侍奉，此事實在有損風化。向您進諫逆耳忠言是臣的職責所在，所以臣不敢不奏！

想必除了宋代，也就只有唐代的官員膽敢向最高統治者發表此類言論。武氏聽後，非但沒有降罪於朱敬，反而還對其大加賞賜。

話又說回來了，武則天比宋之問大三十二歲，一代才子宋之問真的如此心切地覬覦著這位老婦人的御榻嗎？

宋之問生得高大威猛，口角生風，史書說他「偉儀貌，雄於辯」[4]，這種優良的基因大概源自他的父親宋令文。宋令文以文辭、書法、臂力「三絕」稱著於世。唐上元二年[5]，也就是在宋之問的弱冠之年，他「登臨龍門」，成為高宗朝的一名新科進士。

昔年，武后遊洛陽南龍門時，命群臣當場賦詩，並宣稱先成者賜予錦袍。左史東方虬佳句先成，率先奪袍。豈料東方先生剛剛謝完恩，屁股還沒坐熱，宋之問已經作好一首《龍門應制》獻與武后。武后閱後，深覺遠勝於先前那篇，便將原先賜予東方先生的那件錦袍改賜給宋之問。

當時，張易之甚得武后溺寵。他為了提高自己的品位，時常舞文弄墨，吟詩作對。然而，張易之縱使生得一副好皮囊，腹內依舊是草莽。於是，宋之問與閻朝隱二人便做起了他的槍手，以至「易之所賦諸篇，盡之問、朝隱所為」。[6]史書記載，宋甚至還為張易之「奉溺器」，溺器即盛尿的器具。史上鼎鼎有名的大才子竟會對權貴阿諛趨奉至此，令人汗顏。

但是，張易之這棵大樹也有被連根拔起的時候。在神龍政變中，武則天被逼退位，二張也在這次政變中被誅殺。因先前攀附於張易之，宋之問也受到牽連，被貶至遠在嶺南的瀧州[7]。宋禁受不住蠻荒之地的悽苦，企圖逃回中原。途經漢江時他撫景傷情，作了一首《渡漢江》，詩云：

嶺外音書斷，經冬復歷春。近鄉情更怯，不敢問來人。[8]

所謂「非詩能窮人，殆窮者而後工也」，宋之問的一生如果能一直左右逢源地走下去，想必無法創作出如此佳作。

宋混進洛陽城以後，藏匿在友人張仲之家。恰巧在此期間，張仲之、王同晈二人在謀劃一件大事：誅殺武三思！宋之問發覺後，竟然跑去告發他們。經過此事之後，宋之問已經臭名昭彰，史書說「天下醜其行」[9]。

景龍年間[10]，宋之問先是媚附於武后的愛女太平公主。彼時，已是武后之子——中宗李顯當政時期。顯然，他又發現中宗愛女安樂公主的大腿要比太平公主的更為粗壯，遂又改去巴結安樂公主。論血緣，太平公主是安樂公主的親姑姑，但她們二人卻是政敵。因此，太平公主對宋之問朝秦暮楚的行徑深惡痛絕，伺機報復。不久，太平抓住了他的把柄，當即在中宗面前奏上一本。於是，宋先被貶至汴州，未行，又改至越州。他在越州登山涉水，置酒賦詩，這些詩傳到京師之後，人皆譏諷，傳為笑談。

正當宋之問覺得自己獲得重生的時候，無情的政變又一次將他逼上絕境。景雲元年[11]，李隆基與太平公主殺死韋后與安樂公主，擁立唐睿宗。睿宗即位後，認定宋之問曾經依附二張及武三思，並以「獪險、盈惡」為由，將其流放欽州，後改為桂州[12]。這段歷史時期，大唐的政權更迭就像走馬燈，宋之問的徙居之所也隨之不停地變換著，正如當初的他像一隻綠頭蒼蠅嗡嗡亂竄，不停地改變自己的依附對象那般頻繁。李隆基即位後，宋之問被賜死於流放之地——桂州，自此了結他輝煌與慘淡，榮耀與恥辱同在的一生。

關於宋之問的人品，早在他生前已經為時人所不齒。當時還廣泛流傳著宋之問索詩未遂而殺害至親的說法。

當年，才子劉希夷曾作一首《白頭吟》，全詩為：

洛陽城東桃李花，飛來飛去落誰家。
洛陽女兒惜顏色，行逢落花長嘆息。
今年花落顏色改，明年花開復誰在。
已見松柏摧為薪，更聞桑田變成海。
古人無復洛城東，今人還對落花風。
年年歲歲花相似，歲歲年年人不同。
寄言全盛紅顏子，須憐半死白頭翁。
此翁白頭真可憐，伊昔紅顏美少年。
公子王孫芳樹下，清歌妙舞落花前。
光祿池臺文錦繡，將軍樓閣畫神仙。
一朝臥病無人識，三春行樂在誰邊。
宛轉蛾眉能幾時？須臾白髮亂如絲。
但看舊來歌舞地，惟有黃昏鳥雀悲。[13]

直到一千多年後的今天，這首詩依舊被人們廣為傳頌，尤其是「年年歲歲花相似，歲歲年年人不同」兩句，堪稱絕唱。本詩的作者劉希夷正是宋之問的外甥。

流氓不可怕，就怕流氓有文化。宋見詩起意，也「苦愛此兩句」[14]，屢次央求外甥將詩篇的版權轉讓給自己，但劉希夷未曾應允。

「今年花落顏色改，明年花開復誰在」；「年年歲歲花相似，歲歲年年人不同」。可嘆一語成讖！劉希夷不到三十歲就英年早逝了。

不少史料記載，劉希夷之死與他的舅舅宋之問有關。

人們懷疑，宋之問索詩不成，惱羞成怒，於是暗暗伺機報復。最後，劉被宋用土袋子按壓致死。持此觀點的有《劉賓客嘉話錄》、《大唐新語》以及《唐才子傳》等作品。

可想而知，宋之問為了一首好詩，連自己的外甥都忍心殺害，那為了大好前程，「男兒身」又何足掛齒呢？

細細翻閱《全唐詩》，可發現一個奇特的現象：在《全唐詩》卷二十劉希夷名下，收錄了這首《白頭吟》；而在《全唐詩》卷五十二宋之問名下，也有此詩，只是將詩名改成了《有所思》。

兩首詩中，除卻標題有所差異，《白頭吟》中的「洛陽女兒惜顏色」在《有所思》中作「幽閨女兒惜顏色」，「惟有黃昏鳥雀悲」作「唯有黃昏鳥雀飛」，「一朝臥病無人識」作「一朝臥病無相識」之外，其餘詩句基本一致。最終，宋之問帶著奪詩弒親的惡名客死在路遠山高的南國。

雞舌香又稱丁香

言歸正傳。話說武氏看完宋之問的《明河篇》以後，對近臣崔融說：「我並非不識宋之問的才學，但他的口臭讓朕實在難以接受。」因宋之問患有齒疾，口中時常散發難聞的氣味，故有此事。宋知曉事情的原委之後慚憤至極。[15]

據傳，此後他便口含雞舌香以祛除異味。然而，任憑他口氣如蘭也依舊無法扭轉武則天的偏見，北門學士之列終究沒有宋的立足之地，以致他抱恨終身，可見第一印象有時可改變人的一生。

雞舌香即丁香，其果實以雞舌香之名始載於《南方草木狀》[16]，其花蕾狀如釘子，故以丁子香之名始載於《齊民要術》[17]。北宋科學家沈括考究諸義，斷定雞舌香確係丁香無疑。

三國時期，曹操曾將一份雞舌香精心包裝後，並附尺牘一封，遣使送至千里之外的諸葛亮軍中，「今奉雞舌香五斤，以表微意」。[18]是何用意？一代梟雄莫非用如此窮極無聊的手段譏諷孔明先生口臭嗎？

其實，早在漢代，雞舌香確實已經被人們用來祛除「口過」。漢代的尚書郎向皇帝奏事時，為使口氣芬芳，要口含雞舌香。後來，此舉逐漸演化成一種官儀。懷香握蘭，趨走丹墀，朝堂上的參議也就此成為一樁風流雅事。口含雞舌香，亦成為在朝為官，面君議政的特殊象徵。曹操以雞舌香相贈諸葛亮就不難理解了，以此來向諸葛亮示好，其招賢納士之意不言而喻。

丁香，一名而多「香」，其同名異物者頗眾。值得一提的是，作為香料與藥品的丁香，與觀賞性丁香是兩種截然不同的植物。

前者有公、母之別，都是桃金孃科蒲桃屬植物，秋季開花。公丁香是將採摘的花蕾去除花梗，再經曬乾之後的成品，母丁香是丁香果實成熟之後所得。在古代，此種丁香常用於烹調、榨油、入藥、入酒以及薰香等。前文提及這種丁香有祛除口臭之用，此外還可以治療牙疼，它大概於西元前三世紀傳入中國。本文所指的丁香，大多為此種丁香。

後者是木樨科丁香屬的植物，春日開花，原產於中國，主要用作園林觀賞，無薰香或藥用價值，此文撇之不論。

非觀賞性丁香的原產地眾說紛紜，有印度尼西亞、菲律賓和伊朗三種主流觀點。不過，到十八世紀末，印尼成為世界上唯一的丁香生產國。丁香是唐人庖廚中一味高檔的調料，古代的丁香基本來自域外，因而比較珍貴，非尋常百姓所能擁有。

丁香油味甘辛，性大熱，大多帶有藥香、木香、辛香，以及丁香酚特具的氣息，用於烹飪調香可提鮮增味。古人所用的丁子香油多由母丁香所榨。丁香的可利用部分較多，大多用水蒸氣蒸餾法提取花蕾、莖、葉中的丁香油。丁香油呈黃色至棕色，並略帶黏滯性。它對胃寒痛脹、呃逆、吐瀉、痺痛、疝痛、口臭以及牙痛等均有療效。

唐代宰相韋巨源的燒尾宴上有一道美饌——丁子香淋膾，是一道澆上丁香油等五味的生魚片，可蘸香醋後食用。

唐太宗立像

醋是唐人餐桌上常見的調味品。至唐末，已有薑醋、米醋、麥醋、暴米醋、暴麥醋、桃花醋以及五辣醋等，尤以桃花醋為貴。

提起醋這種調料，此處有幾樁逸聞趣事。

大唐荊州長史夏侯處信

「嘗以一小瓶貯醯一升，家人不沾餘瀝。僕云：『醋盡。』信取瓶合於掌上，餘數滴，因以口吸之」。[19]醯即醋的古稱，並非唐代的醋千金難求，而是這位夏侯處信是一隻一毛不拔的鐵公雞。

唐太宗曾賜宰相房玄齡兩名姬妾，房大人不敢接納。太宗明知是房夫人不許「妖孽」進門，因為她是大唐朝野人盡皆知的悍婦，於是太宗召來房夫人，對她說道：「若寧不妒而生，寧妒而死？」意思是如果不依就唯有一死，並為她備好一壺「毒酒」。誰知，房夫人毫無畏色，舉起酒卮一飲而盡。其實，唐太宗所賜的毒酒只是一壺醋而已。從此，便有了「吃醋」這一典故。

一日，大唐軍使李景略設宴，軍中的小吏誤把醋當酒，頻頻為任迪簡斟滿酒杯。李景略嚴苛暴虐，任迪簡深恐此事罪及軍吏，「乃強飲之，吐血而歸」[20]。李景略死後，軍中向朝廷請命，希望讓任迪簡任長官。任迪簡從此青雲直上，官至易定節度使，時人乎為「呷醋節帥」[21]。

二、玉殞香未消

「寶曆元年[22]，內出清風飯制度，賜令造進。法用水晶飯、龍睛粉、龍腦末、牛酪漿調。事畢，入金提缸，垂下冰池，待其冷透，供進。惟大暑方作。」[23]

「李華燒三城絕品炭，以龍腦裹芋煨之。擊爐曰：『芋魁遭遇矣。』」[24]

無論是唐宮的清風飯，還是大唐文學家李華的龍腦煨芋頭，都有一種叫龍腦的珍異香料，此為龍腦香樹樹脂中析出的天然結晶化合物。

《酉陽雜俎》記載：「天寶末，交趾貢龍腦，如蟬、蠶形，波斯言老龍腦樹節方有，禁中呼為『瑞龍腦』。」[25]玄宗天寶末年，南方的交趾[26]進貢龍腦。其時，唐人的龍腦香產地並不限於交趾一地，還有婆利[27]、賓窣[28]和室利佛逝[29]等地。龍腦香樹是一種珍稀樹種，且唯有那些上了年頭的老龍腦樹才會孕育出龍腦香。

龍腦香樹樹脂中的天然結晶化合物

俗語有云：龍之尊，天下第一；腦之要，人間之最。以「龍腦」為名，可見此香的尊貴。其樹生長在南方溼熱潮悶、瘴癘叢生的深山之中。據傳，有龍腦香結晶的老樹，無風而動。入夜，龍腦向上攀援，瑟瑟作響，在葉片間承接露水，白晝則藏匿於樹根之間，故被視為神物。

龍腦即冰片、片腦、羯婆羅香，與麝香齊名，世稱「冰麝」。本文所指的龍腦，屬天然之物，與人工合成的冰片毫不相干。早在漢代，人們已經發現龍腦有藥用價值，《證類本草》引《名醫別錄》云：「婦人難產，取龍腦研末少許，以新汲水調服。」[30]自唐至清，諸位本草學家對天然龍腦的藥性爭論不休，以「性熱說」占主導地位。然則自古龍腦的使用大多不講求「氣之寒溫」，而是注重「味之辛散」。

唐人《宮樂圖》中的獅子犬。國立故宮博物院藏品。

龍腦，「其香為百藥之冠」[31]，與相思子[32]或孔雀翎相宜，可使香氣持久不耗。在佛教中，龍腦是禮佛上品；在塵世間，此物又有「補男子」的催情之效。可見，龍腦香在提神醒腦與使人沉溺之間，在超然物外和紅塵漫步之間，氤氳得令人恍惚迷離。關於龍腦，此處不得不提一位神祕而悲情的女子，那就是楊貴妃。

當年，唐玄宗與寧王對弈，大唐最美的女子楊貴妃旁侍觀棋，玄宗朝第一琵琶手賀懷智彈奏琵琶助興。琵琶聲似玉珠走盤，時而嘈如急雨，時而切如私語，與雲譎波詭的棋局相得益彰。

殊不知，玄宗棋路已危。此時，貴妃不露聲色地將自己的愛寵——康國猧子[33]放於坐側，猧子便輕捷一躍，跳上了棋局，局子亂作一團，玄宗大悅。頃刻，四下嘈雜聲起，與賀懷智紋絲不亂的琵琶聲交織在一起。

就在這時，一陣涼風湧入殿內，心無旁騖的賀懷智似乎察覺到一縷柔滑細長之物拂面而來，異香撲鼻、通體沁涼，他嚇出一身冷汗。琵琶聲戛然而止，沁涼的「香氣」也徐徐落下，自他頭部的巾幘垂墜而下。

此時風已止歇，玄宗與貴妃也已離席，而懷智卻還沉溺在那陣異香中，良久方回過神來，那個自天而降的輕盈物件悄然落地。該物件便是唐代女子服飾的重要組成部分——帔，「鳳冠霞帔」中的「帔」即為此。帔就是搭在肩背上的長帛巾。

賀懷智回去後，發現巾幘奇香不散，於是將其取下，悉心收在錦囊中。

時光倏忽已八年，此時安史之亂已經平息。身為太上皇的玄宗仍追思貴妃不已，夜夜痛灑相思淚。一日，賀懷智為解玄宗的相思之苦，覲見太上皇，並敬獻珍藏多年的錦囊。玄宗展開此物，一股清冽的馨香襲來，原來是那個沾染了貴妃帔上香味的巾幘！香未消玉已殞，玄宗睹物思人，不禁淚如泉湧：「此香正是貴妃生前所用的瑞龍腦香！」

如此馨香馥郁卻又悽美萬分的唐宮生活剪輯，出現在唐人的《獨異志》和《酉陽雜俎》中。

瑞龍腦香為交趾所獻的貢品，形如蠶繭、狀如雲母、瑩如霜雪，可香徹十餘步，為龍腦香中難得的極品，玄宗連貴妃也只賜了十枚！

三、胡椒入口與羅襪塞口

唐代宗時期有一位大貪官名叫元載，起贓時，家中竟有「鍾乳五百兩，胡椒至八百石」[34]。金銀財物、珠寶玉石、綾羅綢緞等物，不在話下。元載在長安的私廟，以及大寧、安仁里的兩處府第，被代宗賜予官員，或作公署，或為居所，而東都洛陽的宅院也悉數充公，成為皇家禁苑。

元載家本貧寒，自幼嗜學，博覽經典。自古英雄不問出處，他因頗有才氣而受到賞識，成為王忠嗣[35]的東床快婿。不過，元載能攀上如此豪門，當然有其社會原因。唐時，社會中流傳著這樣一句話：「三十老明經，五十少進士。」當時，進士科的難度遠遠高於明經科，以至於五十歲能考中進士的舉子已經稱得上年輕有為。可想而知，少年進士在「婚姻市場」上有多麼炙手可熱！因此，許多豪門公卿選擇退而求其次，他們往往在白衣舉子中尋找「潛力股」，而這些白衣舉子也樂於攀附豪門。這就是元載能成為王家女婿的深層社會原因。

元載與王家千金王韞秀初成婚時，兩人不得不借住在岳父家中。由此，元載受盡了妻族的嘲諷鄙夷，他黯然神傷，決計去長安求取功名，將行之際賦《別妻王韞秀》[36]一首。後來，王韞秀夫唱婦隨，也離開了侯服玉食的王家，毅然與夫廝守秦地，還留下《同夫遊秦》一詩。夫婦二人攜手入西秦以後，因元載才識過人，逐漸嶄露頭角並受到天子的賞識，扶搖直上。

一旦在事業上有所成就，不少男人的內心便被各種慾望所俘獲。權、錢之外，當然還有色。

元載後來有一位寵姬名喚薛瑤英，「攻詩書，善歌舞，仙姿玉質，肌香體輕」[37]，傳說連趙飛燕、綠珠等美貌的女子皆不及她。承蒙元載拔擢的楊炎[38]曾為她吟詩一首：「雪面蟾娥天上女，鳳簫鸞翅欲飛去。玉釵碧翠步無塵，楚腰如柳不勝春。」[39]詩中的薛瑤英如九天仙女一般，不過，薛氏的美貌到底名實相符還是徒有其名都不重要，一代貪官的愛妾想必是一位姿色非凡的女子。

自古，世間的女子都只能藉助外物方能香氣襲人。薛瑤英卻不同，她的體香由內而外，後世遂以「啖香之質」讚譽女子的麗質天成。相傳，薛瑤英自幼被薛母趙娟以香藥餵養成人。[40]不過，這恐怕是「善為巧魅」的薛氏刻意炒作，不僅為增添自身的獨特魅力和浪漫情調，還旨在製造一種傳奇色彩，勾起男人們的獵奇心。

顯然，薛瑤英得償所願：她處的是價值連城的金絲帳，臥的是一塵不染的卻塵褥。卻塵褥出自勾驪國，獸毛所製，「其色殷鮮，光軟無比」[41]。因薛氏體輕，不勝重衣，元載還從異域為她添置輕薄莫比、全衫不盈一握的龍綃衣。

元載伏法後，此女子「另抱琵琶上別船」，真可謂「君生日日說恩情，君死又隨人去了！」[42]然而，元載髮妻王韞秀卻不願再苟活於世。元載死後，其妻女未被處死，只沒入宮中。她誓死不從，凜然道：「王家十二娘子，二十年太原節度使女，十六年宰相妻，誰能書得長信昭陽之事，死亦幸矣，堅不從命！」後來，或曰載妻被皇帝定罪，或曰為京兆官府杖斃，其最終歸宿如何，已無從查考。[43]

大曆年間[44]，元載曾用計助唐代宗李豫誅滅李輔國與魚朝恩兩位擅權宦官，因此深受代宗倚重。無奈前門驅虎，後門進狼。元載上位以後，更是專橫跋扈、難以駕馭，又專營私產、大興土木。

王韞秀曾幾番規勸[45]，而聲色充耳悅目，酒氣香霧氤氳瀰漫中的元載卻置若罔聞，後來王氏也開始隨波逐流了。此時，一切登峰造極的元載已然觸怒天子，唐代宗以「夜醮圖為不軌」[46]為由，定其死罪。

受刑前，主刑例行公事，詢問他有何要求，元載表明只求死得痛快！劊子手答曰：「相公須受少汙辱，勿怪！」隨後，「乃脫穢襪塞其口而殺之」。[47]以上是《資治通鑑》對元載受刑前的情景再現，而《新唐書》記載他被賜死獄中，當然「臭襪塞口」更富戲劇性。

宋人羅大經在《鶴林玉露》中，用「臭襪終須來塞口，枉收八百斛胡椒」之句，給這位權相做了一個人生總結。元載伏誅了，隨著他藏匿的五百兩鍾乳與八百石胡椒一齊化為歷史微塵，繼而灰飛煙滅，唯有一世罵名和那首《別妻王韞秀》留與後人評說。

唐代宗是大贏家，剷除贓官汙吏，一則為國為民除害，二則填充國庫，三則贏得民心，一舉多得。

元載私藏的八百石胡椒，換算成現在的計量單位，究竟是多少呢？按中國歷史博物館所藏唐

胡椒

高祖武德元年[48]的銅權，可知當時的一石相當於今天公制的七九三二〇克。[49]八百石胡椒換算成公制，應當是六三．四五六噸。

唐人段成式說，胡椒「出摩伽陀國」[50]，而摩伽陀國「屬中天竺」[51]。天竺是古印度的別稱，唐三藏九死一生為求真經，目的地也是天竺。這個距離，無論走海路，還是陸路，即便不帶任何行囊，也是一段舉步維艱的旅途，更何況是運送八百石胡椒！

胡椒的籽實形似漢椒，味至辛辣，「今人作胡盤肉食皆用之」[52]。可見，唐代的胡椒多用於胡食或肉類的調味。胡椒之所以能在唐人的餐盤中風靡，取決於他們「盡供胡食」的飲食喜好。漢時將包括匈奴在內的西域和北方民族，統稱為胡人，更遠國度的人自然也是胡人，他們的飲食都被冠以「胡」字，這就是古人所謂的胡食。[53]胡椒的辛香不及花椒，而溫燥之性略勝一籌，更能溫中和胃，散寒祛溼，可治療脾胃虛寒諸症，如脘腹冷痛、食慾減退，以及嘔吐腹瀉等。《湯液本草》提及，胡椒「下氣、溫中、去痰，除臟腑中風冷」[54]。然而，此物性燥，不宜多食。

四、帝王恩寵的符號

南北朝時，范曄在《後漢書》中，有「後宮則有掖庭、椒房，后妃之室」[55]的論述。唐代杜甫的《麗人行》中也有「就中雲幕椒房親」[56]的詩句，用椒房來代指楊貴妃的寓所。《紅樓夢》中又以椒房來指稱元妃。顯然，後世多沿用漢俗，將后妃居所稱作椒房。自然而然，「椒房」一詞便成為后妃們的代稱。

椒房之「椒」，即花椒。漢代后妃寢宮以椒和泥塗壁，椒房之稱正源於此。花椒是自然界中極為普通的一種植物，漢代為何將后妃宮室的牆壁塗上花椒呢？

花椒多子，且處處可種，最易繁衍，因而漢代帝王將其視為祈生的吉祥物，他們不僅希望子嗣眾多，還企盼子子孫孫們有著頑強的生命力。此外，椒是純陽之物，性溫熱、味辛香，可散寒祛溼，驅除六腑寒冷，椒和泥塗壁能使后妃有溫暖之感。其實，關於這兩點，史籍中解釋得頗為詳盡：「皇后稱椒房，取其實蔓延盈升。以椒塗屋，亦取其溫暖。」[57]

更重要的是，椒作為一味良藥，還可緩解宮寒之症，而宮寒則是影響女子受孕的一大元凶。宋代以前治療不孕症的方藥中，使用頻率最高的當屬人蔘、肉桂、當歸、生地黃、細辛、牛膝、防風、乾薑、川椒[58]、茯苓、附子、甘草等藥，重在溫補。宋金元時期，當歸、肉桂、乾薑、人蔘、川芎、花椒、熟地、茯苓、附子、細辛、白芷、白薇，仍善用溫補。[59]可見，中國傳統醫學將花椒用於治療不孕症的歷史相當悠久。在重子嗣的中國傳統社會中，花椒的地位可想而知。

再者，花椒辛香馥郁，回味悠遠，芳草之中，功皆不及。以花椒塗壁可祛除室內濁氣，置身其內，心悅神怡。

最後，花椒還有輕身延年、頤養容顏、止痛驅蟲、殺菌除瘟等功效。在重色的古代內廷中，傾國傾城、紅顏不老是后妃們在三千佳麗中脫穎而出的一大制勝法寶。至於止痛驅蟲、殺菌除瘟之效，對她們來說，當然也至關重要。因而，古代帝王后妃自然對花椒推崇備至。

椒房，也象徵後宮中最尊貴的榮耀，所謂的「椒房之寵」是指古代帝王對普通妃嬪有著異乎尋常的寵愛。董賢的妹妹就是其中的幸運兒。漢哀帝與寵臣董賢親密無間，兩人時常同臥同坐，成語典故「斷袖之癖」最初指的便是他們。

董賢性情柔和，善於諂媚逢迎。每當哀帝賜他休假，他都不肯出宮，留在哀帝身邊服侍。哀帝對他也恩寵有加，破例讓其之妻搬到宮內，又將其女弟封為昭儀，地位僅次於皇后。哀帝還把她的寢宮易名為「椒風」，堪與皇后的椒房媲美。[60]

西晉時期，花椒曾經成為富家豪門、皇親國戚炫富鬥豪的利器。古代聞名遐邇的「官二代」、「富二代」石崇[61]，在與對手晉武帝司馬炎的舅舅——王愷爭富的過程中，針對國舅爺動用赤石脂塗壁這一豪舉，他索性直接比照皇宮內苑的標準，用上了花椒。[62]富豪石崇還是一位文學家，為西晉知名的文學政治團體「金谷二十四友」的主要成員之一。該團體中，主要有「古今第一美男」潘安，「聞雞起舞」、「枕戈待旦」的劉琨，「洛陽紙貴」、「左思風力」的左思，「潘江陸海」、「東南之寶」的陸機與陸雲兩兄弟等，他們的大名皆如雷貫耳。

花椒的原產地是中國。古人口中所言的椒、大椒、丹椒、樧、漢椒、蜀椒、川椒、巴椒、蓎藙等，都指花椒。其中，漢椒、蜀椒、川椒、巴椒以及蓎藙是以產地而命名。自古以來，花椒是庖廚中必不可缺的一味調料。在川菜中，花椒更是承擔著挑大樑的角色。古代的「三香」為花椒、薑、茱萸，其中花椒高居三香之首。「五香」由大小茴香、丁香、肉桂、花椒組成。三香與五香中皆有花椒的一席之地。

唐人的飲饌離不開花椒，不光葷腥類的餚饌需要花椒的佐味，連蔬菜、羹湯、美酒，甚至香茗中都可覓見花椒的蹤影。

唐代《食醫心鑑》提及，烹飪野雞、羊肉、蒼耳葉羹、鰻鱺[63]魚炙等菜式，花椒與蔥白必不可少。[64]唐代廣南一帶的百姓享用牛頭之前，先「加酒、豉、蔥、薑煮之」[65]，再「調以蘇膏、椒、桔之類」[66]。唐人大啖海鮮時，常需「調以鹹與酸，芼以椒與橙」[67]。即便是家常便飯，也要

「佐以脯醢味，間之椒薤芳」[68]。人們享用烤鴨時，要配點椒鹽，唐代詩僧寒山的「蒸豚搵蒜醬，炙鴨點椒鹽」[69]可為證。椒鹽是一種十分古老的滋味，以烘焙過的花椒和鹽碾碎後製作而成。

唐人的飲品中，花椒亦不可或缺。

古人在除日有飲屠蘇酒的風習，此酒以大黃、白朮、桂枝、防風、花椒、烏頭、附子等諸味中藥浸製，能調理脾胃，解毒闢穢。相傳，屠蘇酒由漢末神醫華佗創製，後經唐代名醫孫思邈繼承發揚。每逢臘月，孫思邈都要分贈每戶鄉鄰一包中藥，讓他們以藥泡酒，除夕飲用，能預防瘟疫。

因屠蘇酒的配方出自華佗，為張仲景、孫思邈、李時珍等諸多醫藥名家所弘揚，又被無數典籍收錄轉載，故深為世人所推重。千百年來，中國民間認為，飲此酒不僅能防治百病，甚至有降福賜吉的作用。

《齊民要術》記載：「崔寔《四民月令》曰：『正旦各上椒酒於其家長，稱觴舉壽，欣欣如也。』」[70]正旦是農曆正月初一，古人在這一天有飲用椒柏酒的舊俗，不少古籍認為此處的椒酒是指椒柏酒。崔寔是漢代知名的農學家，他眼中的椒是玉衡[71]星精，柏是仙藥。椒柏酒是以川椒與側柏葉所浸之酒，更是攝生良方，飲用這種酒應當循序漸進。[72]

唐人樊綽的《蠻書》中錄有「蒙舍蠻以椒、薑、桂和（茶）烹而飲之」。[73]蒙舍蠻是定居在今天大理洱海地區的土著部落，他們瀹茗時所添加之物竟與人們平常燉肉所用的配料毫無二致。

大理人的飲食習俗總能讓人瞠目結舌。大理人將生皮視為珍饈，生皮的概念卻並不止於生豬皮，生豬肉、生豬腰、生豬肝、生牛羊肉等皆可稱為生皮。莫非他們眼中的美饌當真鮮血淋漓，讓食客們望而生畏？

大理生皮最早起源於洱源縣，是大理的一張傳統美食名片，當地方言將這種吃法叫「海格兒」。生皮的選材與烹製皆相當考究，上等的生皮選取豬後腿肉里脊與腰脊為食材，用稻草或麥秸燒火烘烤，烤至表皮金黃後用熱水洗淨，再配以佐料生食。道地的生皮鮮美細嫩而不帶絲毫腥羶之氣，咀嚼起來勁道十足，口感酸而不惡、辣中生香，讓人欲罷不能。這種生食的習俗，可能是對遠古時代茹毛飲血的一種記憶。

註釋

1　當年，武則天物色了一批才學俱佳的文人學士，這批文人學士被特許從玄武門出入禁中，時人稱之為「北門學士」。
2　〔唐〕宋之問：《宋之問集》捲上，四部叢刊續編景明本。
3　〔五代〕劉昫：《舊唐書》卷七十八《列傳》第二十八，清乾隆武英殿刻本。
4　〔宋〕歐陽修：《新唐書》卷二百二《列傳》第一百二十七《文藝》中，清乾隆武英殿刻本。
5　西元七六一年。
6　〔宋〕歐陽修：《新唐書》卷二百二《列傳》第一百二十七《文藝》中。

7 廣東省羅定市的舊稱。

8 〔唐〕宋之問：《渡漢江》，《全唐詩》卷五十三，清文淵閣四庫全書本。

9 〔宋〕歐陽修：《新唐書》卷二百二《列傳》第一百二十七《文藝》中。

10 景龍（七〇七—七一〇），唐中宗年號。

11 西元七一〇年。

12 今桂林。

13 〔唐〕劉希夷：《白頭吟》，《全唐詩》卷二十。

14 〔唐〕韋絢：《劉賓客嘉話錄》，明顧氏文房小說本。

15 〔唐〕孟啟：《本事詩·怨憤第四》，明顧氏文房小說本。

16 〔晉〕嵇含：《南方草木狀》，商務印書館，一九五五年十一月，頁八。

17 〔北魏〕賈思勰著，繆啟愉校釋：《齊民要術校釋》，農業出版社，一九八二年十一月，頁二六三。

18 〔明〕張溥：《漢魏六朝一百三家集》卷二十三《魏武帝集》，清文淵閣四庫全書本。

19 〔宋〕李昉：《太平廣記》卷第一百六十五《廉儉》「夏侯處信」條。

20 〔唐〕李肇：《唐國史補》卷中，明津逮祕書本。

21 〔唐〕李肇：《唐國史補》卷中。

22 西元八二五年。

23 〔宋〕陶穀：《清異錄》卷四。

24 〔唐〕馮贄：《雲仙雜記》卷一。

25 〔唐〕段成式：《酉陽雜俎·前集》卷之一，四部叢刊景明本。

26 舊時對安南、越南的別稱。

27 古國名。亦作「馬禮」。故地在今印度尼西亞加里曼丹島，或以為在今印度尼西亞峇厘島。

28 又稱「班卒」，故地在今印度尼西亞蘇門答臘島西北部的巴魯斯（Barus）。《諸藩志》中作「賓窣」。

29 七—十三世紀印度尼西亞蘇門答臘古國。

30 〔宋〕唐慎微：《證類本草》之《重修政和經史證類備用本草》卷十三，四部叢刊景金泰和晦明軒本。

31 〔明〕繆希雍：《神農本草經疏》卷十三，清文淵閣四庫全書本。

32 相思子不是紅豆。相思子是豆科相思子屬的一種有毒植物，相思藤的種子。該植物的根、藤、葉都可入藥。紅豆屬木本植物，長在紅豆樹上。兩者有一定區別。

33 即小狗。

34 〔明〕劉遠可輯：《璧水群英待問會元》卷之六，明麗澤堂活字印本。

35 王忠嗣（西元七〇六—七四九年），初名王訓，華州鄭縣（今陝西渭南市華州區）人。唐朝名將，豐安軍使王海賓之子。另有記載認為王韞秀為王縉之女，即元載是王縉的女婿。

36 〔唐〕元載：《別妻韞秀》，《全唐詩》卷一百二十一。全詩為：「年來誰不厭龍鍾，雖在侯門似不容。看取海山寒翠樹，苦遭霜霰到秦封。」

37 〔唐〕蘇鶚：《杜陽雜編》卷上，清文淵閣四庫全書本。

38 楊炎（西元七二七—七八一年），字公南。鳳翔府天興縣（今陝西鳳翔縣）人。唐朝宰相、財政改革家、詩人，兩稅法的創製者與推行者。

39 〔唐〕蘇鶚：《杜陽雜編》卷上。

40 〔唐〕蘇鶚：《杜陽雜編》卷上。

41 〔唐〕蘇鶚：《杜陽雜編》卷上。

42 〔清〕曹雪芹：《紅樓夢》第一回《甄士隱夢幻識通靈，賈雨村風塵懷閨秀》。

43 〔宋〕李昉：《太平廣記》卷二百三十七《奢侈》二。

44 西元七六六—七七九年。

45 詳見〔唐〕王韞秀：《喻夫阻客》，《全唐詩》卷七百九十九。
46 〔宋〕司馬光：《資治通鑑》卷第二百二十五《唐紀》四十一，四部叢刊景宋刻本。此句意為在夜裡請道士設壇唸經做法事，圖謀不軌。
47 〔宋〕司馬光：《資治通鑑》卷第二百二十五《唐紀》四十一。
48 西元六一八年。
49 羅竹風主編：《漢語大詞典縮印本（下卷）》，漢語大詞典出版社，一九九七年四月，頁七七七六。
50 〔唐〕段成式：《酉陽雜俎．前集》卷之十八。
51 〔明〕徐應秋：《玉芝堂談薈》卷二十三，清文淵閣四庫全書本。
52 〔唐〕段成式：《酉陽雜俎．前集》卷之十八。
53 王仁湘：《中國史前考古論集．續集》，文物出版社，二〇一七年一月，頁一五七。
54 〔元〕王好古：《湯液本草》卷下，明古今醫統正脈全書本。
55 〔劉宋〕范曄：《後漢書》卷四十上《班彪列傳》第三十上，百衲本景宋紹熙刻本。
56 〔唐〕杜甫：《麗人行》，《杜詩鏡銓》卷二，清乾隆五十七年（西元一七九二年）陽湖九柏山房刻本。
57 〔宋〕李昉：《太平御覽》卷第九百五十八《木部》七，四部叢刊三編景宋本。
58 花椒的一種，主要分布於四川。
59 羅嘉純：《不孕症的古代文獻及方劑藥物組成規律的研究》，廣州中醫藥大學博士論文，二〇一〇年四月。
60 〔宋〕羅願：《爾雅翼》卷十一，清文淵閣四庫全書本。
61 石崇（西元二四九—三〇〇年），字季倫，小名齊奴。渤海南皮（今河北南皮縣東北）人。大司馬石苞第六子，西晉時期文學家、官員、富豪。
62 〔宋〕羅願：《爾雅翼》卷十一。
63 鰲，鰣魚的別稱。

64 （唐）昝殷：《食醫心鑑》，上海三聯書店，一九八九年十月。

65 （唐）段公路：《北戶錄》卷二，清十萬卷樓叢書本。

66 （唐）段公路：《北戶錄》卷二。

67 （唐）韓愈：《初南食貽元十八協律》，《全唐詩》卷三百四十一。

68 （唐）白居易：《二年三月五日齋畢開素當食偶吟贈妻弘農郡君》，《全唐詩》卷四百五十九。

69 （唐）釋寒山：《寒山詩》，四部叢刊景宋本。

70 （北魏）賈思勰：《齊民要術》卷第三。

71 北斗七星之第五星。

72 （唐）杜甫：《杜工部草堂詩箋》之《草堂詩箋》卷三十五，古逸叢書覆宋麻沙本。

73 （唐）樊綽：《蠻書》卷七，清武英殿聚珍版叢書本。

第三章 好著氈衣喜胡食

一、醉心於Cosplay的皇太子

古往今來，所有紈袴子弟都有一個亙古不變的共性，那就是吃喝玩樂進行到淋漓盡致！此處要介紹的是唐初一位擅長玩Cosplay的皇太子。他時常身著突厥服飾，操一口純正的突厥語。然而，獨樂樂不如眾樂樂。太子從東宮挑選出一夥形貌近似突厥人的侍從，五人為一個部落，命他們頭梳髮辮，身著羊裘而牧羊。他還精心設計了一個遊牧民族居住的穹廬，並且製作五狼頭纛[1]與幡旗，自己則身處其內，斂羊炮烹，抽佩刀割肉大啖，儼然如一位豪氣沖天的突厥可汗。[2]這位「突厥可汗」，便是唐太宗的長子李承乾。此處有必要先帶大家了解一下突厥與突厥文化。

幾經變遷，時至千餘年後的今天，嚴格地說，已經不存在純正血統的突厥人了。歷史上的突厥汗國曾發生過分裂，分為東突厥與西突厥。唐代的突厥人，主要是指活動在今天蒙古高原[3]的人，即東突厥。還有一些是所謂的西突厥，大抵包括今天新疆以及遠至中亞地區的一些人群。

現今這些範圍內的居民，其中蒙古人與唐代的突厥人有著相當深厚的淵源，因此在飲食習俗方面，想來會有諸多相似之處。烤肉在蒙古人的飲食中，也是他們難以割捨的重要組成部分。如今風靡四海的韓國燒烤，據說是當年成吉思汗遠征時帶到朝鮮半島的。此處就以愛吃烤肉的蒙古人為例，來體會一下大唐太子李承乾的突厥式烤肉。

道地的蒙古烤肉主要選用牛羊肉為食材，人們將全牛、全羊或者肉串以胡椒、花椒、辣椒、孜然、蒜粉、八角、料酒等十餘種調料對前述肉類進行醃製處理，處理好後再放置在烤肉架上不停地翻轉，使其受熱均勻。

烤肉的程序並不複雜，但需要十足的耐心，在這個時間裡可以靜下心來慢慢地享受鮮血淋漓、腥羶濃重的生肉蛻變為外焦裡嫩、香氣四溢的熟肉的過程：　哩啪啦的木炭聲與烤肉的嗞嗞作響聲一唱一和，明豔通紅的炭火和烤肉上明晃晃的熱油交相輝映。一滴滴熱油順著肉串上的紋路徐徐滑下，淌在灼熱的木炭上，它們來不及發出「滋」的一聲，便早已幻化為一縷煙，一縷灰，繼而隨風消散，迎面而來的則是一陣陣撲鼻的肉香。

烤肉經過炭火的洗禮，本來就格外脂香醇厚，又有諸多辛香調料的增色，咀嚼之際更覺入味萬分，嫩滑、焦酥、鮮鹹、辛辣之感都在口中瞬間一齊迸發。這一刻，還有什麼能比在此大汗淋漓地埋頭大啖烤肉更加怡然自得呢？天下之口有同嗜，想必身為太子的承乾也難以拒絕如此美味的誘惑吧！

身為中原王朝的太子，偶爾舉辦胡地風情的宴會或者大嚼突厥烤肉似乎也無傷大雅。然而，太子還像個粗鄙無賴，喜歡僵臥在地上裝死。

此事還得先從突厥喪儀說起。

根據史書記載，天葬習俗在早期突厥人的生活中頗為盛行。他們往往將屍首用馬車裝載後運往山中或高懸於樹上，任其自然風化泯滅。原始突厥人生活在葉尼塞河上流地區，那裡山高林密，這種喪葬習俗顯然與他們當時所處的自然環境息息相關。[4]

後來，隨著自然環境的變化，畜牧業逐漸在突厥人的社會經濟中占據主導地位，人們的葬俗也開始有了相應的變化。突厥人死後，一般要在帳中停屍，親人們紛紛宰殺牛羊陳於帳前祭祀。隨後，大夥一邊嚎啕慟哭，一邊騎著馬繞著帳外行走七圈，每行至帳門，則用刀具劃自己的臉，頃刻血淚俱流，如此來回七次方算禮畢。這種簡單粗暴的致哀方式同樣出現在唐太宗駕崩之後。貞觀二十三年[5]，太宗賓天後，「四夷之人入仕於朝及來朝貢者數百人，聞喪皆慟哭，翦髮、剺面、割耳，流血灑地」。[6]

突厥人奉行原始宗教信仰，他們對火、太陽等自然物有著無上的崇敬之情，因而火葬自然就成為他們主要的喪葬方式。突厥人擇日對死者及其生前所用之物，特別是馬匹進行焚燒，收集餘灰後再擇時下葬。春夏死者，候「草木黃落」之時下葬，秋冬死者，則待「華葉榮茂」之際入土。

下葬之日，人們會再次設祭表哀，依舊走馬剺面，一如先前。貞觀二十三年[7]八月，太宗入葬昭陵時，突厥王族阿史那社爾與鐵勒族名將契苾何力甚至請求自殺為太宗殉葬。

突厥人下葬之後，還需在墓前設立石標以彰顯死者生前的戰功，殺一人，則立一塊，以此類推。其後便是建造墓室，並在墓室牆壁上繪製壁畫。壁畫主題一般與死者的形貌及其生前的征戰場面相關。《北史．突厥傳》記載，突厥人「重兵死，恥病終」[8]。在他們心中，馬革裹屍遠勝於老死於病榻之上。憑藉殺人多寡來樹立石標以及墓室繪畫的征戰主題，這兩點恰好也印證突厥好勇尚武的民族個性。

不過，以上喪葬習俗大多針對突厥貴族而言，貧民死後並無這些禮遇。

在突厥人的葬儀上，還有十分溫情脈脈的一幕。下葬之日，青年男女皆盛裝登場，男子若遇到心儀的姑娘，回家之後便可遣媒人到女方家求親，這一習俗在漢族人眼中似乎頗為荒誕不經。不過，此俗的興起是由突厥人從事流動、分散的畜牧業生產與生活方式所決定的。[9]在廣袤的大草原上，想來葬禮是人們難得相聚的一次契機。

或許，承乾眼中的突厥喪儀格外值得玩味，竟使他沉溺其中。有一次，他對身邊的侍從說：「我試作可汗死，汝曹效其喪儀。」[10]意思是，我現在扮演死去的可汗，你們來模仿他們的習俗為我舉行喪禮儀式。話音未落，他便直挺挺地躺在地上一動不動，大夥在「屍體」周圍一面放聲大哭，一面還騎著馬兒環繞在其周圍徘徊。良久，地上那個「死屍」猛然地一躍而起，周遭的「突厥人」嚇得四下亂竄，承乾太子居然以這種突厥式的「死屍舞宴」為樂。

二、大唐權貴也崇洋媚外

一位中原王朝的太子，怎麼會如此垂青胡地文化呢？

自西元五五二年突厥攻破柔然，阿史那土門正式稱汗建國，一直到西元七四五年白眉可汗被回紇軍隊擊殺而敗亡，在前後歷時將近二百年的歲月裡，整個蒙古高原基本處於突厥人的控制之下。因而，突厥文化自然也多多少少對其控制下的各個民族造成一些影響。例如，後來稱霸漠北的回紇，在相當長的一段歷史時期內仍沿用突厥的語言與文字；後來攻滅回鶻汗國的黠戛斯人曾是突厥的下屬部落之一，也是操著突厥語族的鐵勒方言。再從文化圈上看，從六世紀中葉突厥興起之後，一直到十世紀這三百多年內，中國北方除了東北等極個別地方之外，基本都處於突厥族或講突厥語的一些民族的文化覆蓋之下。[11]因而，胡地文化對大唐文化的滲透不言而喻。

李唐皇族興起於北方，皇室血統中摻雜著不少胡人的成分，正因為「塞外野蠻精悍之血，注入中原文化頹廢之軀」，才造就瞭如此空前繁盛的局面。甚至還有人認為，唐「源流於夷狄」。承乾對突厥文化的如痴如醉，這也許與其體內流淌著胡人的鮮血有關。

前述原因可解釋承乾愛好胡風的必然性，不過他的怪誕行徑也有其偶然性，這個偶然性得先從唐時各種玩樂活動開始說起。

唐代各色遊樂項目中，狩獵與打馬球最受貴族子弟們的青睞。

在古代，男子們呼鷹帶犬前去狩獵並不是什麼稀罕事。然而，唐人狩獵時還會帶上若干只來自西亞的猛獸——獵豹。

早在北齊時期，中原可能已經有域外獵豹的蹤影了。元代官員郝經為隋代畫家展子虔所繪的《北齊後主幸晉陽宮圖》題詩，詩中有「馬後獵豹金琅璫，最前海青側翅望」這樣的句子。所以，榮新江先生據此猜測，獵豹大概在北齊時期就已經傳入中原地區。

獵豹的蹤影還時常出現在唐代的墓葬壁畫與出土陶俑上。

西安東郊的唐代金鄉縣主墓出土了一件陶俑，這件陶俑將騎馬男子身後的那隻獵豹刻畫得唯妙唯肖。金鄉縣主是滕王李元嬰之女，她與承乾一樣，同為高祖李淵的孫輩。這件陶俑透露，唐初貴族子弟時常縱馬馳騁在山野之間，又有凶猛的獵豹相隨於鞍前馬後，生活得這般俊逸灑脫！

大唐貴族子弟最喜愛的另一項娛樂活動非馬球莫屬。馬球在史籍中被稱為「擊鞠」、「擊毬」，以及「打毬」等，是騎在馬背上用長柄球槌拍擊木球的一種體育形式。有人統計，唐朝有十一位皇帝熱衷於打馬球，無論是唐初治世之下的太宗，還是身逢末世的僖宗，都深愛這項運動。據《資治通鑑》載，太宗甚至焚球以求自律。

生活如此多姿多彩，但承乾卻無緣消受，因為他患有足疾。

承乾不良於行，其他人馳騁球場、逐獸山林的身影自然令其無比豔羨。雖然身為一人之下、萬人之上的太子，可謂志得意滿，卻唯獨在這些方面未能隨心所願，一腔怨恨無處排遣，想來只有聚宴狂歡聊以自慰吧！於是，大啖突厥烤肉、假扮死人也就成為在承乾眼中勉強值得消遣的娛樂項目了。

不過話雖如此，如此遊戲人間的太子如何君臨天下呢？英偉睿智的太宗皇帝怎麼會選擇這樣一個皇子作為繼承大統的人選呢？

三、從「頗識大體」到青春叛逆

唐高祖武德年間[12]，長安城太極宮承乾殿內一陣洪亮的嬰兒啼哭聲響徹雲霄，可喜可賀，年輕的李唐王朝又新添了一名男丁。

該給愛妻所生的第一位男嬰取個什麼好名字呢？這時，大概是這位男娃的父親——二皇子李世民，說出了擲地有聲的一句話，既然生於承乾殿，那麼就叫他承乾吧！

「承乾」二字雖為宮室之名，然而用作人名時卻飽含著無比深意。「乾」為八卦的首卦，代表天。「承乾」這個名字，顯然寄予著李唐王朝對這位男嬰的無限厚望。

武德三年[13]，承乾被封為恆山王，武德七年[14]，又改封為中山王。太宗即位後，八歲的承乾也自然而然成功地「晉級」為太子。[15]

承乾自幼有著極高的治國稟賦，史書贊其「性聰敏」，「頗識大體」，[16]因而深受太宗的喜愛。太宗也在有意地培養這位未來的接班人，他居喪期間，國家的一切政務皆由太子審查決斷。當然，太子的表現也讓父皇深感欣慰。自此以後，每當太宗出行，都由太子留守皇宮以代理監臨國事。

如此看來，承乾不失為一位合格的皇位繼承人，太宗也並非有眼無珠之輩，但開篇所提到的種種狂悖行止又是從何說起呢？且聽我細細道來。

漸漸地，承乾長大了，似乎開始步入青春期的逆反階段，「皇二代」的劣根性在他身上逐漸顯露出來：縱情於聲色，浪蕩遨遊無度，還經常與倡優孌童為伍。然而，面對虯髯如戟的父皇，他心中頗存畏懼之感，生恐父皇會察覺自己諸多的荒誕行徑。所以，每次臨朝論政，承乾總要在大庭廣眾之下大談忠孝之道。然而，一退朝他便摘下自己的面具，宴集鬧飲、聚眾淫樂、無所不為。遇到試圖進諫的大臣，承乾必定會事先揣度其意，隨後正襟危坐，一臉嚴肅地開始引咎自責，對於大臣們的詰難，他總能應答如流。最後，反倒是進諫的大臣們被他問得啞口無言，跪在地上「拜答不暇」。[17]所以，當時的輿論對太子十分有利，朝臣大多覺得他是一位賢達的儲君。

父子之間相安無事，但好景不長，後來兩人竟因一位俊美的少年而心生嫌隙，難道說父子兩人在爭風吃醋嗎？

原來，承乾分外傾心於身邊的一位太常[18]寺樂人，這位樂人風流儒雅，能歌善舞，擅於投人所好，因而承乾對他大加寵幸，並賜號曰「稱心」。太宗得知太子有龍陽之好後勃然大怒，即刻逮捕稱心並將其殺死，受稱心株連而死的還有好幾人。

承乾懷疑此事是四弟李泰揭發，於是他痛悼稱心之餘，又對四弟與父皇怨恨不已。他在宮中專門布置一間房子用於祭奠稱心，在其遺像前，陳列人偶與車馬等物，並命宮人每日早晚奠祭。承乾也時常來此悼念，在屋內躊躇徘徊，痛哭流涕，還於宮苑內建造墳冢來埋葬稱心的屍首，甚至立碑、贈官，一再表達追思之情。面對從前敬畏的父皇，承乾第一次公然表現出自己的對抗情緒，此後竟連續數月都稱病不出，以逃避朝參。[19]

這段日子，承乾在自己的寢宮「愈玩愈勇」，過著醉生夢死的生活。他發動闔宮上下的奴僕專門習練伎樂，模仿胡人的髮式，剪裁布帛以縫製舞衣，「尋橦跳劍，晝夜不絕，鼓角之聲，日聞於外」。[20]東宮日日有舞會，夜夜有歡場，此處已然成為太子的縱情享樂之所。

太子與漢王元昌相交甚密，此人為太宗的同父異母弟，是太子的小叔叔。兩人雖為叔侄，但恰為同年，所以經常在一起聚宴狂歡、恣意嬉戲，是一對名副其實的狐朋狗友。他們將身邊的奴僕分為左右二隊，太子與元昌各自統領一隊。「戰士們」身披氈甲，手操竹槊進行布陣，各就各位後，太子驀地大呼一聲：「交戰！」兩隊人馬「擊刺流血，以為娛樂」[21]。有不盡全力拼殺者，竟被太子暴打至死。太子還洋洋自得地宣稱：「使我今日作天子，明日於苑中置萬人營，與漢王分，將觀其戰鬥，豈不樂哉！」又說：「我為天子，極情縱慾，有諫者，輒殺之，不過殺數百人，眾自定矣！」[22]身為儲君，荒唐至此，聽不得忠言逆耳，又視人命如草芥，大唐江山若到此人之手，豈不是要走短命隋朝的老路？

四、望子成龍

當時，左庶子于志寧與右庶子孔穎達受詔輔導太子。針對承乾的所作所為，于志寧撰寫《諫苑》二十卷進行諷諫，孔穎達又時時在旁規勸。太宗知悉後，分別賜予二人「帛百匹，黃金十斤」[23]以資鼓勵。但遺憾的是，浪子始終不願回頭。

太宗為培養這位儲君，真可謂是煞費苦心。

在婚姻生活方面，太宗為承乾挑選了祕書丞蘇亶的長女為太子妃。《冊蘇亶女為皇太子妃詔》言及，蘇氏「柔順表質，幽閒成性，訓彰圖史，譽流邦國」，又「門襲軒冕，家傳義方」。總之，太宗相中的女子，大概總有著文德皇后的氣質，溫柔賢淑自不待言。

在提高太子治國能力方面，太宗更是不遺餘力。

貞觀四年[24]，也就是承乾十二歲那年，太宗頒布了一道詔令——《令皇太子承乾聽訴訟詔》。詔書中提到，訴訟案件中，如果有不服尚書省判決者，可以向東宮上訴，由承乾決斷。若經承乾處置之後仍有異議，可再奏明皇帝。[25]

此外，太宗還授予承乾軍政大權，如《命皇太子權知軍國事詔》。在吃穿用度方面，剛毅廉直的褚遂良提出四皇子李泰的標準已經超過太子，於是太宗索性取消東宮所用庫物的限制，《皇太子用庫物勿限制詔》即為證，這點將在下文進行詳述。

貞觀十六年，太宗在朝堂上發問：「當今國家，何事最急？請各位愛卿談談你們的看法？」有人說，「養百姓急」；又有人說，「撫四夷急」；還有人說，「傳稱道之以德，齊之以禮義為急」。太宗頻頻搖頭，這時，諫議大夫褚遂良說：「太子諸王須有定分，陛下宜為萬代法以遺子孫，此最當今日之急。」[26]也就是說，繼承人方面的問題迫在眉睫，遠比養百姓、撫四夷等事務急迫。

太宗連連稱是，說道：「朕年近五十，近來時常感到力不從心。如今太子已立，太子諸弟加上王室其他子侄，總共將近四十人，我常憂心於此。但自古人品好壞或能力強弱與嫡庶無關，無論嫡庶，都有可能傾家敗國。還請各位愛卿為朕尋訪賢能之士以輔佐儲君。」[27]

貞觀十七年[28]三月，左屯衛中郎將李安儼上表稱：「皇太子及諸王，陛下處置得不甚妥當。太子為國之根本，還望陛下深思遠慮，以安天下之情。」[29]太宗回覆說：「我明白愛卿的意思，我兒雖患足疾，仍然是嫡長子，豈能捨嫡立庶？」

也就是說，直到貞觀十七年[30]四月紇干承基告發太子謀反之前，即使這位太子腿腳不便，奢靡無度，玩世不恭，甚至密謀刺殺向自己「切諫」的于志寧與張玄素，太宗也始終不曾動過廢黜太子的念頭。

既然承乾的太子地位不可撼動，他為何還要冒天下之大不韙呢？

五、同根相煎

太宗有十四子，分別由十位母親所生。其中，長子承乾，四子李泰，九子李治皆為嫡出，即文德皇后所生。在古代宗法制度下，三人都極有可能被立為太子。當然，最有可能繼位的，還是嫡長子承乾。當世人都理所應當地認為大唐皇位必將屬於這個文德皇后所出的嫡長子時，有人卻躍躍欲試，企圖向這個理所應當的現實發出挑戰檄文，那個人便是與李承乾一母所出的弟弟——李泰。對於太子的寶座，四子李泰垂涎已久，史書稱其「潛有奪嫡之意」[31]。他有意暗結朝臣，已經形成一個十分強大的朋黨關係。

在太宗看來，這三個兒子當中，四子李泰最有書卷氣質，太宗還特令人在李泰的王府中設立文學館，任由李泰自己挑選學士。貞觀十四年[32]，太宗駕臨李泰王府所在的延康坊。當時，文學館的諸位學士在泰的組織下正在撰寫《括地誌》，太宗視察之後對泰褒獎不已，特別下令：赦免雍州[33]及長安一帶犯死罪以下的犯人；免除延康坊百姓一年的賦稅；獎勵李泰府中的各位學士。李泰是個大腹便便的胖子，考慮到他腰腹洪大，趨拜困難，太宗特別恩准他可以乘坐小輿上朝。

貞觀十五年[34]，李泰主編的《括地誌》終於完工。太宗龍顏大悅，對他大加賞賜，以至於李泰王府的生活用度規格已經超過東宮。對此，雖然有大臣向太宗諫言：「太子諸王，須有定分。」事後，太宗也接納了這個忠告，並頒布《皇太子用庫物勿限制詔》。但是，這份詔令始終無法消除太子心中的不安。因為父皇又讓李泰入居武德殿[35]，雖說魏徵對此也曾向太宗進言，太宗也表示贊同。然而，承乾總覺得自己的太子之位岌岌可危。

因此，他變得惶惶不可終日。他暗地裡蓄養刺客紇干承基等人以及一百多名勇士，欲圖刺殺魏王李泰，卻並未得手。一計不成，又生一計。承乾又授意自己的心腹謊稱李泰的人前往玄武門，試圖為李泰謀大計。太宗何許人，怎麼會被此等伎倆忽悠呢？最後，此事又不了了之。

六、再炮製一場「玄武門兵變」給親爹嚐嚐

無情最是帝王家。當承乾發現自己使出渾身解數都不能置李泰於死地的時候，他開始鋌而走險，竟然學起了父皇，打算謀劃一場政變，這樣就可以提早將自己推上皇位，此後就可高枕無憂

了。

講述太子謀反之前，先來認識一位唐代名將，那就是位列凌煙閣二十四功臣之一的侯君集。侯君集早年跟隨太宗南征北戰，立下赫赫戰功。後來，他與尉遲恭力勸太宗發動玄武門事變。貞觀年間[36]，侯君集隨李靖討伐突厥，後又領大軍滅高昌國。他功勳卓著，卻因討滅高昌時私取寶物而鋃鐺入獄，出獄後依舊心存嫌隙。

貞觀年間，侯君集擔任吏部尚書，其女婿賀蘭楚石為東宮千牛[37]。太子知道侯君集心中尚存怨憤，欲藉機拉攏，便讓賀蘭楚石將侯引入東宮，「問以自安之術」[38]。侯君集十分清楚太子的為人，於是趁機鼓動他謀反。一番話畢，侯君集舉起他的雙手對太子說：「此好手當為殿下用之。」[39]另外，他又提醒太子，魏王是一大禍害，須及早防備云云，太子深以為然，對他愈加拉攏。

太子又安插李安儼在太宗身邊作為眼線，以時時刺探太宗的心思。李安儼原先是隱太子李建成的親信，李建成事敗以後，李安儼依然為其進行殊死搏鬥，太宗覺得如此忠心之士難能可貴，便把他留在了身邊。

漢王元昌也極力慫恿太子謀反。他時常做一些違法的勾當，為此，太宗曾多次加以譴責，因而他心中頗有怨言。這位小叔叔還引誘太子說：「我看到陛下身邊有一位擅長彈奏琵琶的美人，事成之後，她就可以名正言順地到太子身邊來服侍了。」

此外，城陽公主[40]的駙馬杜荷，洋州刺史、開化公趙節等人也是太子的親信，他們也蓄意協助太子謀反。

起事之前，凡同謀者皆歃血為盟，立誓將同生共死，爾後就神不知鬼不覺地引兵入宮。妹夫杜荷對太子說：「天文有變，當速發以應之，殿下但稱暴疾危篤，主上必親臨視，因茲可以得志。」[41]他讓太子佯裝罹患急症，命在垂危，想必皇帝會親自前來探望，如此便可以得逞了。你道杜荷是誰？竟是大名鼎鼎的貞觀名相杜如晦之子。可嘆杜如晦一世賢良，卻生了杜荷這麼一個大逆不道的兒子。不過，杜如晦並未親身經歷這個逆子的造反之事，因為早在貞觀四年[42]，他就已經病逝了。

未幾，太子聽聞齊王祐反於齊州，便眉飛色舞地對紇干承基等人說道：「東宮西牆距離大內只有二十步呢！我們謀劃大事，豈是齊王所能企及的！」

齊王李祐謀反失敗，治罪的時候牽連到紇干承基。不久，紇干承基被捕入獄，按律當誅。他走投無路，便將太子謀反一事捅了出來，時值貞觀十七年[43]四月。

案發後，太宗立即命長孫無忌、房玄齡、蕭瑀、李世勣等人，與大理寺、中書省、門下省組成了臨時審判小組受理此案，最後得出：太子確係謀反無疑。

太宗得知此事之後幾欲尋死，幸而他手中的寶劍被長孫無忌及時搶去。太宗在朝堂上問侍臣們將如何處置承乾，群臣皆低頭不敢言語。這時，通事舍人來濟進諫曰：「陛下不失為慈父，太子得盡天年，則善矣！」[44]皇帝採納了這個建議，於貞觀十七年[45]四月六日下了一份《廢皇太子承乾為庶人詔》。承乾算是撿回一條小命，爾後，他便灰溜溜踏上了漫漫的黔州[46]之路。[47]

東宮謀反一案中，太子一干人等賜死的賜死，流放的流放，被貶的被貶，唯獨屢次向太子進諫良言的于志寧未曾獲罪，反而受到太宗的勉勵。此外，紇干承基因告發有功而加官進爵，後來，他官至祐川府折衝都尉，封平棘縣公。

七、你是太子的最佳人選嗎？

「朕百年之後，這萬里江山到底交與誰呢？」這幾乎是歷朝歷代天子必須面臨的一大抉擇。雄才偉略、英明果敢的唐太宗也遇到了這個世界上最難的選擇題。

承乾獲罪之後，李泰每日入內侍奉父皇，極盡阿諛奉承之能。他滾入太宗懷中，撒嬌道：「臣今日始得為陛下子，乃更生之日也。臣有一子，臣死之日，當為陛下殺之，傳位晉王。」[48]為了皇位，李泰竟可以卑劣至此，此時的太宗似乎也被李泰灌了迷魂湯，竟答應由他來繼承大統。

既然承乾謀反，李泰又深得帝心，且太宗又曾經面許將太子之位傳於他，那大唐的江山為何又到了懦弱無能的李治手中呢？

此處有兩大關鍵人物：太宗倚畀甚殷的長孫無忌與褚遂良。

作為凌煙閣首位功臣的長孫無忌，也就是李泰的親舅舅，他洞悉太宗的意圖之後，仍固持己見，力挺晉王李治。

對此，剛毅耿直的諫議大夫褚遂良也發話了：「希望陛下仔細思考一下，即使在您百年之後，魏王坐擁天下，他豈肯殺其愛子而傳位給晉王？陛下之前立承乾為太子，後來又過度寵愛魏王，在某些方面甚至超過了承乾，所以才釀成今日之禍，前事不遠，足以為鑑。陛下如今打算立魏王為儲君，還望您先想出一個萬全之策以保全晉王。」

太宗聽後潸然淚下，想到太子案發，元昌被賜自盡後，李治整日憂心忡忡，在太宗追問之下，他才吐露真相。原來，李泰唯恐太宗立晉王為太子，就故意編造出一番說辭來恫嚇他。泰揚言：「你與元昌向來交好，如今元昌敗北，難道你不曾擔憂嗎？」想到這點，太宗憮然變色，開始後悔許諾立泰之言。

承乾被捕之時，太宗當面對其大加斥責。這時，承乾道出了一番令人深省的言語：「臣既然貴為太子，還有何所求呢？但太子之位一直為李泰所覬覦，故而臣便與朝臣一起謀求自安之道。誰料『不逞之人』又向臣進讒言，於是便做出此等不軌之事。如今若立泰為太子，正是中了他的圈套。」

毫無疑問，李泰與承乾二人勢同水火，互不相容。基於「泰立，承乾、晉王皆不存；晉王立，泰共承乾可無恙」[49]的考慮，太宗終於開始垂青平平無奇的李治。諸皇子中，晉王李治最為恭順，他若是做了皇帝，必定會善待其他兄弟。太宗主意已定，後又假意將「立何人為儲君」的難題拋給群臣，結果依然是立晉王李治的呼聲最高。所以，大唐的皇位就這樣到了九皇子李治的手中。太宗的選擇，無非是從一個慈父的角度來考慮的，而不是基於一個帝王視角所做出的明智抉擇。

前文提及，太宗有十四個兒子，其餘的皇子難道都一無是處嗎？

在諸位皇子中，三皇子李恪德才兼備、文韜武略，素來聲望甚高，太宗也時常稱李恪身上有自己的影子。然而，在「立嫡以長不以賢，立子以貴不以長」為宗旨的嫡長子繼承制下，皇位之於李恪，自出娘胎那一刻起，便是可望而不可即的所在。即便如此，李恪依然深為長孫無忌所忌憚。李治即位之後，李恪因房遺愛謀反之事而被長孫無忌誣陷致死，天下人都為其鳴冤。為何長孫無忌下手如此狠毒呢？

要想回答這個問題，還得從李恪的出身說起。李恪的生母為隋煬帝之女，也就是說，李恪的身上流淌著隋煬帝的鮮血。作為大唐江山的忠實捍衛者，怎能容忍自己外甥身邊留下這麼一顆潛在的定時炸彈呢？長孫無忌真是為大唐江山鞠躬盡瘁死而後已。不過，歷史總是極具諷刺性，長孫無忌最後落得個自縊而死的下場，而他自盡的時間，正是在高宗李治的統治時期，這大概也是一種命運的嘲弄吧！

八、千古一帝不為人知的悲哀

唐太宗原本是習武之人，身體向來健朗。至晚年，尤其是經歷生離死別、親人反目等諸多不幸之後，再加對外征戰中不慎負傷，他的身體每況愈下，後竟迷戀上丹藥。唐貞觀二十二年[50]，太宗令方士那羅邇娑婆造延年之藥[51]。那羅邇娑婆何許人也？

原來，大臣王玄策在對外作戰中，俘獲一名印度和尚，這位阿三就是那羅邇娑婆。他吹噓自己已高齡兩百歲的，精通長生之術，服食他所煉製的丹藥可得永生，甚至白日飛昇。太宗早年不信丹藥長生之說，不過這次竟怦然心動，命其煉製長生不老藥，餌後不久便中了毒，危在旦夕。

貞觀二十三年[52]，環抱在蒼松翠柏間的翠微宮依舊暑氣氤氳。此時，含風殿內唐太宗的病榻前，一對年輕的夫婦正跪在一旁隱隱啜泣。

彼時的太宗已病入膏肓，他清楚地知道自己大限將至，於是召來股肱重臣——長孫無忌和褚遂良。太宗牢牢地攥著他們的手，同時又凝視著病榻前哭泣的李治夫婦，他吃力地從口中擠出幾句話：「我好兒好婦，今將付卿。兩位愛卿知道，太子是仁孝之人，還望兩位盡心輔佐他。」隨後，太宗對李治說道：「有無忌、遂良在，汝勿憂天下。」他又跟褚遂良託付道：「無忌盡忠於我，我有天下，多其力也，我死，勿令讒人間之。」最後，仍令遂良草擬遺詔。[53]

一切交代妥當之後，太宗無力地閉上雙眼，開始尋思過往：

他這一生銘心鏤骨的女子——文德皇后長孫氏，早在十幾年前便撒手人寰了，此後，賢德如文德皇后的女子，終難再遇。所以，文德皇后薨逝之後，太宗再未立后。

他與文德皇后留下的骨血：長子承乾、四子泰、九子治、麗質、城陽、明達、新城。他們夭折的夭折，流放的流放，守寡的守寡……如今一切安好的，唯有跪在眼前飲泣的第九子李治和後來的新城公主。

李泰，如今已被太宗下令徙居千里之遙的均州鄖鄉縣。

太宗「特所鍾愛」的嫡長女長樂公主李麗質，已於貞觀十七年[54]八月香消玉殞了，死時才二十歲出頭。面對愛女的離世，太宗悲痛萬分。

「友愛殊厚」的城陽公主一直體弱多病，雖然嫁得如意郎君，但是駙馬杜荷卻因承乾一案而伏誅，公主婚後不久便成了寡婦。後來，唐太宗又為她選擇了出身河東薛氏的薛瓘作為夫婿，婚後生活也算美滿。公主生有三子，其中幼子薛紹後來成為武則天愛女太平公主的駙馬。

李明達，即晉陽公主——自小與晉王治一起被太宗帶在身邊親自撫養的掌上明珠，她溫柔嫻雅如文德皇后。每逢上朝，公主總要送父親至虔化門，父女感情至深。不料，晉陽公主卻在其十二歲那年不幸早夭。愛女去世之後，太宗整整一個月不思飲食，每日總要流淚數十次。面對群臣的進諫勸慰，太宗喃喃自語道：「朕渠不知悲愛無益？而不能已，我亦不知其所以然。」[55]意思是說，你們說的這些道理我都懂，人死不能復生，但我就是難以自已，我也不知為何會如此。

諸多子女當中，太宗傾注心血最多的當數廢太子承乾，而自己的一片痴心，換來的卻是承乾的不忠不孝，甚至刀劍相向。離開長安後不到八個月，承乾就在他鄉鬱鬱而終了。萬念俱灰的他死在一個寒冬臘月裡，適逢春節前夕。太宗為之廢朝，葬以國公之禮。不過，關於承乾去世的時間，史籍與墓誌的記載有所出入。不過，這又有何足輕重呢？從流放的那一天起，他在精神上就已經宣告了死亡。

太宗留有一首《秋日即目》，全詩充盈著離愁別恨、蕭條落寞之感。該詩創作時間不詳，有人認為此篇作於承乾客死他鄉之後的日子裡，全篇如下：

爽氣浮丹闕，秋光澹紫宮。衣碎荷疏影，花明菊點叢。
袍輕低草露，蓋側舞松風。散岫飄雲葉，迷路飛煙鴻。
砌冷蘭凋佩，閨寒樹隕桐。別鶴棲琴里，離猿啼峽中。
落野飛星箭，弦虛半月弓。芳菲夕霧起，暮色滿房櫳。

眼下大約是承乾去世的第六個年頭了，可嘆的是，他的屍骨仍然流落在外。回憶往昔，從不輕易落淚的太宗皇帝不禁老淚縱橫，拋下一聲沉沉的嘆息，溘然長逝了。或許是因為之前遭遇了諸多人生變故，才使太宗不忍再傷害到任何一個子女。所以，直到承乾起事之前，太宗始終未曾下定決心要將其廢黜。這一點，想必承乾做夢也沒有想到過。天下之事，無不有其原因。自古弱能敵強，柔能克剛，謙卑膽怯、恭順軟弱的晉王李治繼承了這個輝映千古的大唐江山，而心浮氣躁、性情乖戾、放蕩不羈的承乾最終與帝王之位失之交臂。性格即命運，誰說不是呢？

註釋

1 古代軍隊裡的大旗。
2 〔宋〕司馬光：《資治通鑑》卷第一百九十六《唐紀》十二。
3 主要指外蒙古地區。
4 吳景山：〈突厥人的喪葬習俗述論〉，《西北民族研究》一九九一年第一期。
5 西元六四九年。
6 〔宋〕司馬光：《資治通鑑》卷第一百九十九《唐紀》十五。
7 西元六四九年。
8 〔唐〕李延壽：《北史》卷九十九《列傳》第八十七，清乾隆武英殿刻本。
9 吳景山：〈突厥人的喪葬習俗述論〉。
10 〔宋〕司馬光：《資治通鑑》卷第一百九十六《唐紀》十二。
11 吳景山：〈突厥人的喪葬習俗述論〉。
12 西元六一八—六二六年。

13 西元六二〇年。
14 西元六二四年。
15 〔五代〕劉昫：《舊唐書》卷七十六《列傳》第二十六《太宗諸子》，清乾隆武英殿刻本。
16 〔五代〕劉昫：《舊唐書》卷七十六《列傳》第二十六《太宗諸子》。
17 〔五代〕劉昫：《舊唐書》卷七十六《列傳》第二十六《太宗諸子》。
18 職官名。掌理宗廟禮儀。秦代置奉常，漢代更名為太常，歷代沿用。
19 〔五代〕劉昫：《舊唐書》卷七十六《列傳》第二十六《太宗諸子》。
20 〔五代〕劉昫：《舊唐書》卷七十六《列傳》第二十六《太宗諸子》。
21 〔宋〕司馬光：《資治通鑑》卷第一百九十六《唐紀》十二。
22 〔宋〕司馬光：《資治通鑑》卷第一百九十六《唐紀》十二。
23 〔五代〕劉昫：《舊唐書》卷七十六《列傳》第二十六《太宗諸子》。
24 西元六三〇年。
25 〔宋〕王欽若：《冊府元龜》卷二百五十九，明刻初印本。
26 〔唐〕吳兢：《貞觀政要》卷第四，四部叢刊續編景明成化刻本。
27 〔唐〕吳兢：《貞觀政要》卷第四。
28 西元六四三年。
29 〔宋〕王溥：《唐會要》卷四，清武英殿聚珍版叢書本。
30 西元六四三年。
31 〔五代〕劉昫：《舊唐書》卷七十六《列傳》第二十六《太宗諸子》。
32 西元六四〇年。
33 李泰擔任過雍州牧。
34 西元六四一年。

35 太極宮宮殿名，與東宮鄰近。
36 西元六二七—六四 九年。
37 職官名。為宮殿君王的護衛，多由貴族子弟擔任。
38 〔宋〕司馬光：《資治通鑑》卷第一百九十七《唐紀》十三。
39 〔宋〕司馬光：《資治通鑑》卷第一百九十七《唐紀》十三。
40 唐太宗與長孫皇后所生之女。
41 〔宋〕司馬光：《資治通鑑》卷第一百九十七《唐紀》十三。
42 西元六三〇年。
43 西元六四三年。
44 〔宋〕司馬光：《資治通鑑》卷第一百九十七《唐紀》十三。
45 西元六四三年。
46 治所在今彭水。
47 〔宋〕王溥：《唐會要》卷四。
48 〔宋〕司馬光：《資治通鑑》卷第一百九十七《唐紀》十三。
49 〔五代〕劉昫：《舊唐書》卷七十六《列傳》第二十六《太宗諸子》。
50 西元六四八年。
51 〔五代〕劉昫：《舊唐書》卷三《本紀》第三。
52 西元六四九年。
53 〔五代〕劉昫：《舊唐書》卷八十《列傳》第三十。〔宋〕司馬光：《資治通鑑》卷第一百九十九《唐紀》十五。
54 西元六四三年。
55 〔宋〕歐陽修：《新唐書》卷八十三《列傳》第八《諸公主》。

食之篇

第四章　稻米流脂粟米白

一、香聞玉斧餐

（一）在植物界，一場「性侵」意味著什麼？

江蘇常熟有一個古里鎮，這個古里古怪的名字其實源自菰這種水生植物。唐時，此地地勢低窪，水網密布，尤其適宜菰的生長，遂名菰里。[1]清代鄭光祖的《一斑錄》記載，道光十三年[2]春，里中設粥賑饑。邑尊張公綬於此地的一庵中留下一份墨寶——一個書有「古里仁風」的四字匾額，村人喜出望外道：「我等出貲財濟貧，卻又買去一字，不兩得乎？」[3]於是，該村方易名為「古里」。

菰，古作「苽」，別名雕胡、茭白，因其霜秋時節結實乃凋而謂之「凋菰」，後訛傳為「雕胡」。菰棲身於水澤岸畔，其果實形似米，故有菰米、雕胡米等多種稱謂。菰米為古代「六穀」之一，距今已有三千多年歷史。六穀即稻、黍、稷、粱、麥和菰。早在先秦時期，就有「凡王之饋，食用六穀」[4]之說，透露出彼時的菰米曾作供御之用。

至唐代，「菰米」、「菰飯」、「雕胡」等字眼在唐詩中頻頻現身：「松江蟹舍主人歡，菰飯蓴羹亦共餐」[5]；「菰米蘋花似故鄉」[6]；「請君留上客，容妾薦雕胡」[7]……珍貴的雕胡飯往往被唐人目為待客上品。

昔年，李白夜宿安徽銅陵五松下的一戶荀姓老媼的家中，就曾受到雕胡飯的款待。秋風蕭瑟的涼夜，身處異鄉的詩人倍感孤寂。耳畔傳來鄰家女深沉的舂米聲，似乎陣陣敲擊在他的心頭。淳樸的荀媼為異鄉的貴客奉上滿滿一盤新鮮出鍋的雕胡飯，此時月華濃重，一片銀光灑在素色的瓷盤上。李白感激涕零，於是賦詩一首：

我宿五松下，寂寥無所歡。
田家秋作苦，鄰女夜舂寒。
跪進雕胡飯，月光明素盤。
令人慚漂母，三謝不能餐。[8]

菰米與白米

天下之口有同嗜。李白的摯友，詩聖杜甫對雕胡飯亦偏愛有加。「滑憶雕胡飯，香聞錦帶羹。」[9]柔滑馨香的雕胡飯，讓人回味不盡。

雕胡飯的美味也被詩人王維大書特書：「鄖國稻苗秀，楚人菰米肥」[10]，一個「肥」字，點出了雕胡飯豐美的質感；「蔗漿菰米飯，蒟醬露葵羹」[11]，一日途徑賀員外家，忽聞院牆外菰香四溢，因為有他鍾愛的菰飯飄香，如此尋常之事便被他記錄在了詩中；「琥珀酒兮雕胡飯」[12]，王摩詰將珍貴的琥珀酒與雕胡飯相提並論，足見其等級之高。

今天隨處可見的蔬菜茭白筍怎麼會被古人當成穀物利用呢？而這種穀物又去了哪裡呢？

原來，早期的菰長勢較佳，但後因「菰黑穗菌」的寄生而導致畸形，有人視之為植物界的一場「性侵」慘劇。畸形後的菰不再開花結實，作為穀物的菰米開始漸漸淡出人們的餐桌，而只當成蔬菜利用，時蔬茭白筍是菰這種植物遺留給世人的唯一一份饋贈。據傳，菰米的式微始於宋代。菰米在中國的失傳，不得不令食客們扼腕嘆息。據中國科學技術大學研究植物考古的程至傑先生介紹，江蘇沭陽的萬北遺址曾有古代菰米的出土。

菰米的廬山真面目究竟如何？《本草綱目》記載：「雕胡，九月抽莖，開花如葦芀。結實長寸許，霜後採之，大如茅針，皮黑褐色。其米甚白而滑膩，作飯香脆。」[13] 字裡行間透露出，菰米形似黑褐色的茅針，內呈白色。用菰米煮飯，滑膩中不失爽脆，有著悠遠綿長的清香。

（二）敬宗最愛的清風飯如何烹調？

前文提及，菰米飯曾作為周天子的口糧，那大唐天子的伙食呢？唐敬宗時期，清風飯一度成為唐宮中的新寵。宋代陶穀的《清異錄》記載：

寶曆元年，內出清風飯制度，賜令造進。法用水晶飯、龍睛粉、龍腦末、牛酪漿，調事畢，入金提缸，垂下冰池，待其冷透供進，唯大暑方作。[14]

寶曆是唐敬宗李湛的年號，寶曆元年即西元八二五年。在這一年，大唐禁中定下清風飯制度。其法如下：將水晶飯、龍睛粉、龍腦末和牛奶一起調製完成後，放入冰池中的金提缸內，待冷卻後取出，敬獻給尊貴的宮廷食客。

何為水晶飯？主流觀點認為是糯米飯，本文也持此說。自古以來，筆者故鄉溫嶺的人們在大年初一早上食用「炒炊飯」，年初二則為「湯年糕」，年年如此，天經地義。炒炊飯、湯年糕寄寓著鄉親們的共同願景，那就是生活蒸蒸日上，事業年年高升。炒炊飯的關鍵一步是浸米，將浸泡一夜的糯米撈出後，入鍋隔水蒸，謂之「炊飯」。當地人把蒸這種烹飪方式稱為「炊」。炊好的糯米飯，米粒挺然翹然、晶瑩剔透，以水晶稱之也未嘗不可。至於炒炊飯，則還要多出好幾道繁瑣的工序。不過，用浸軟的糯米直接入鍋炒至熟透，更是別有一番滋味。

那龍睛粉又為何物？有觀點認為龍睛粉是瓊脂。當時確有瓊脂這一名稱，東晉的《拾遺記》載：「東極之東，有瓊脂粟，言質白如玉，柔滑如膏，食之盡壽不病。」[15]從此處的描述來看，瓊脂似乎是一種傳說中的仙丹妙藥，食後可延年益壽，百病不侵。但是宋人口中的瓊脂卻有別於晉人的瓊脂。宋代的《夢林玄解》「石花菜」條目中提及「烹治以食，謂之瓊脂」[16]，此菜口感甚佳。可見，宋人口中的瓊脂可能是石花菜。龍睛粉在有些古籍中又作「龍精粉」，它究竟為何方神物暫不可考，其身價或許能與龍腦比肩齊聲。

想來這種清風飯入口清涼、芳香綿軟，夏日食用，滋味妙不可言。清風飯所選用的食材頗為貴重，特別是龍腦末、龍睛粉等物，夏日裡的冰池也非尋常百姓之家所能擁有，因而與普通的飯食絕不可同日而語。

（三）一種流行於唐宋，美味養生的飯食

唐宋時期，人們好食青精飯。

「舊聞香積金仙食，今見青精玉斧餐。」[17]在唐代詩人陸龜蒙的作品中，青精飯被冠以「玉斧餐」的美名。而在杜甫眼中，青精飯又是一種有著攝生良效的飯食：「豈無青精飯，使我顏色好。」[18]既美味又有養生功效的青精飯到底是如何烹製的呢？幸好，南宋文人林洪將這個答案記錄在《山家清供》一書中。

在該書的開篇，林洪詳實地記載了這種飯食：取南燭木的枝葉搗汁後，浸入上好的粳米。一兩個時辰後，將浸透的米隔水蒸熟。接著，將熟透的米飯曝曬至堅硬後就可以貯藏起來了。當需要食用的時候，取「堅而碧色」的米飯倒入適量的滾水中，「煮一滾即成飯矣。」[19]

（四）食後成可仙的米飯中有何神祕食材？

胡麻充滿著神話彩色，在古人的心中，諸位神仙皆以胡麻飯為食，而常人食用胡麻飯後也可驂鸞馭鶴、白晝飛升。胡麻亦可作良藥，源自充溢著傳奇色彩的西域。有趣的是，這種原本很普

通的植物竟成為道家服食求仙的修煉法物。「不食胡麻飯，杯中自得仙」[20]，顯然，唐代詩人白居易早已認識到此說有是不根之談。儘管如此，唐人依舊視胡麻飯為上等美饌，「御羹和石髓，香飯進胡麻」[21]，「神棗胡麻能飯客，桃花流水蔭通津」[22]，用噴香的胡麻飯盡地主之誼，亦不失主人體面。

胡麻自西域的大宛國而來，西漢武帝時期的張騫出使西域之後，將胡麻的種子帶回中原，從此中土才有了胡麻這一物種。事實上，古人所謂食後可成仙的胡麻，即黑芝麻。現在不少時尚餐廳裡敬獻給食客的白米飯，其表面也會撒少許黑芝麻。

（五）風靡唐宋的盤遊飯，今天還存在嗎？

團油飯，又名盤遊飯，是唐宋時期流行於南方的特色油飯。唐代段公路的《北戶錄》言及，團油飯的配料因地制宜，取材於當地特色的煎蝦、炙魚，並加入雞、鵝、豬、羊等肉品，再以薑、桂、鹽、豉調味，與稻米飯調勻後烹飪而成。團油飯是富家女子生產後的滋補佳品，類似於今天的什錦飯或蓋澆飯。

北宋的蘇東坡對其敘述得也頗為詳細，「江南人好作盤遊飯，鮓、脯、鱠、炙無不有，埋在飯中。里諺曰：『掘得窖子。』」[23]一份道地的盤遊飯，醃魚、肉脯、魚鱠、烤肉，無不齊備。盤遊，是古人對出門遊樂的稱呼；盤遊飯，飯菜皆備，又無多餘的湯汁，適宜出遊時攜帶。唐代政治家張說詩云：「方秀美盤遊，頻年降天罕。」[24]「秀」「美」兩字，道明瞭盤遊飯的精美與可貴。離家遠遊之人隨身攜帶一份盤遊飯，恍若故鄉親人們依舊如影隨形。

我曾在返鄉之前自製一份盒飯——白米飯上簡單地澆了幾個素菜。到火車上打開一看，菜早已不如剛出鍋時那般蔥翠誘人，食之也頗感無味。一則，熱氣升騰，飯菜的香味散失殆盡；二則，我平日素來不喜涼拌的菜式，冷飯冷菜更是難以下嚥；三則，菜中的少許湯汁浸入米飯內，米飯遂變得軟塌塌的，不禁咀嚼。

回滬時，我隨身攜帶母親精心烹製的一份「盤遊飯」，米飯上蓋了三、四個菜式，葷素搭配、鹹淡適宜，關鍵是濾去了多餘的湯汁。正當我津津有味地啃大排、吃雞蛋的時候，鄰座的那位小女孩眼巴巴地凝視著我，且反反覆覆地問道：「你在幹嗎？這是什麼？」一邊問話，一邊還不住地咽口水，肉嘟嘟的小手三番兩次地伸向我的盤遊飯，卻都被她母親及時截住了。

南方的台州地區有一種傳統的油飯，當地人稱它「煑肉飯」。將「豬」字寫作「煑」，並非我的一時興起。在普通話中，與「豬」同音的「珠」字，在台州方言裡念「拘」，而豬卻稱「滋」。再者，吳語平翹不分。顯然，「豬」應該作「煑」。

其實，很多古音在台州方言中得以完整保留，比如「掇」[25]、「饐」[26]、「爾」[27]、「娘妗」[28]以及「風颸」[29]等，不勝枚舉。俗語有「吳儂軟語」之說，台州雖屬吳語區，但發音極其生硬。有一位大學同學，聽到我給家人打電話的時候曾感慨道：「平常見你輕聲細語、溫婉可人，怎麼一說起方言全都變了？」正如一般人理所當然地認為徐志摩的鄉音總該是輕清柔美的，假如他操一口硤石方音，卻也是「烏拉烏拉」[30]的。

言歸正傳。𩠌肉飯以大米[31]和五花肉為主要原料，鰻鯗、帶魚鯗、蝦乾、墨魚乾、芋艿、香菇等為輔料烹煮而成。精選上好的大米浸泡片刻，同時各種乾貨也須泡發備用。生火後，五花肉與各種泡發好的乾貨先放少許葷油加以煸炒，黃酒、生薑、蒜根等佐料不可或缺，再將浸透的大米一起入鍋翻炒，加水後旺火燒煮。待水快要煮乾之時，調成文火。最後，務必焖上十幾分鐘，讓柴火的餘溫將其徹底焖透。起鍋時，灑少許蔥花或蒜葉，以其蔥翠之色作為點綴。這種油飯最宜放在傳統柴灶上的大鐵鍋中烹煮。如果有幸能買到農家土豬肉，那烹好的𩠌肉飯實在是無上的美味。

𩠌肉飯，名雖不雅，卻色味絕佳。此飯融合飯香、肉香、鮮香、酒香、油香、蒜香，以及香菇的特殊香氣為一體。肉，色澤紅亮、綿軟香口，酥爛而形不碎；飯，光亮金黃、爽滑酥嫩，軟糯而口不膩，讓人不禁垂涎三尺、埋頭大嚼。聽人抱怨說北京的豬肉有一股騷氣，其味不及南方的豬肉，北京的豬肉味道如何，筆者不知，但後者質嫩味美的確屬實。

唐人也吃豬肉，但食用範圍卻不如羊肉那般廣泛。𩠌肉飯歷來就有，且食材與團油飯相近，也許它就是團油飯歷經上千年變異並本地化後的產物。

二、黍稷良非貴

撇開麥製品不論，大唐北方地區的主食是粟與黍。

（一）宰相家的套餐

粟古稱稷，與黍齊名，俗名小米。粟米粥有代蔘湯的美稱，今天北方地區仍有坐月子吃粟米粥的傳統。而在唐代，粟米的格調卻不及稻米。粟米煮飯，時常又粗又硬，北方的山村人、僧人等較多食用粟米飯。[32]

大唐宰相食用粟米飯是廉政的表現之一。以清廉節儉為時人所欽佩的唐代宰相鄭餘慶，某日忽然心血來潮，邀請數位同僚去府中小酌，眾位受邀者驚訝萬分。宰相向來德高望重，朝臣們皆心存敬畏，在破曉之後便即刻前往宰相府。各位官員入座後，只有僕從在一旁添茶，鄭相公卻遲遲不見蹤影。直至日上三竿，他才慢騰騰地出來會客。閒話多時，來客們早已飢腸轆轆，宰相這才吩咐僕從道：「爛蒸，去毛，莫拗折項。」[33]諸位相互交換眼色，料定是清蒸鵝鴨之類的美饌。

不時，侍從們便開始備餐。俄而，碗筷已齊備，碟中的醬醋鮮香撲鼻。終於等到開飯時間了！偷咽饞涎良久的官員們頃刻目瞪口呆。原來，眾人身前唯有一碗粟米飯和一枚蒸葫蘆而已，大家頓覺興味索然。但是，相國卻吃得有滋有味，大家也只有勉為其難地吃完了。

可見，粟米飯在唐人的眼中並非待客佳品。唐代官員褚亮的《冬至圜丘並褚亮等作・順和》一詩中亦有「黍稷良非貴」[34]之句。大唐軍中若供應粟米飯，則是待遇降低的信號。涇州士卒叛亂，唐德宗被逼出長安，主要因為給他們提供粟米飯而非其他更佳的伙食。[35]

然則並非所有品種的粟都不受歡迎，粟的良種粱就是一個例外。粱與稻皆屬細糧，古人常將兩者連稱來指代上等的糧食。杜甫的「國馬竭粟豆，官雞輸稻粱」，譴責的正是唐玄宗舞馬、鬥雞耗費好糧。成語「黃粱一夢」中的「黃粱」，指的則是粱中的上品。[36]

「黃粱一夢」這一典故出自唐代的傳奇小說《枕中記》，講的是大唐一名落榜書生的故事。開元七年[37]，有一位盧生駕著青駒，風塵僕僕地赴京趕考。但皇天不與人方便，他最後功名不就。一日，盧生返鄉途經邯鄲，在客棧內邂逅得道的呂翁[38]。呂翁見他自怨自艾，便取出一個瓷枕，讓其安睡。盧生擁枕而眠，頃刻入夢。在夢中，盧生與清河的名門望族崔氏聯姻。值得一提的是，與崔、李、盧、鄭、王「五姓女」[39]聯姻，往往被視為唐代男子最高的社會榮耀。《唐語林》卷四記載：「薛元超謂所親曰：『吾不才，富貴過，平生有三恨：恨始不以進士擢第，不娶五姓女，不得修國史。』」元超出身於顯赫的河東薛氏，後來官拜宰相，連他都以未娶五姓女而抱憾終身。這一社會風氣在唐傳奇中也頗有體現。雖然，唐傳奇記載的都是一些奇聞異事，而折射的卻是當時真實的社會生活與人們的情感世界。有趣的是，在這些奇異的故事中，男主人公通常是一個窮儒，而他們總是能夠與來自「五姓」的女子有著一段浪漫邂逅，乃至結為夫妻。《枕中記》中的盧生在夢中也享受到了這樣的豔福。與崔氏聯姻之後不久，盧生又高中進士，升為陝州牧、京兆尹。後來，他竟官至戶部尚書兼御史大夫、中書令，冊封為燕國公。盧生五子皆功成名就，娶妻侯門。平生子孫成群，盡享世間繁華，怎料八十歲那年，他不幸患疾臥床，危在旦夕。即將斷氣之時，他驀然驚醒，顧盼四周，一切如舊：呂翁在側，夥計烹煮的黃粱飯還在鍋裡呢！

有時，我們明明做了一個很長的夢，醒來之後卻發現自己才睡了很短的時間。有科學研究顯示，人類做夢的時間極其短促，有的只有幾秒鐘，通常也就幾分鐘。大腦能在瞬間將許多情景映現在夢境之中，許多風馬牛不相及的事件與場景皆可相互拼接，時間可跳越，地點也能切換。事實上，不是時間變慢了，而是睡夢中的我們接受信息的速度變快了。

故事中的盧生也和我們有著同樣的困惑，他滿腹狐疑地問道，難道這一切都是夢嗎？呂翁答道：「人世之事亦猶是矣。」此為「黃粱夢」的典故。原來，這一世的繁華只是黃粱一夢，人生虛妄至此，不禁令人唏噓！

（二）《燒尾食單》之御黃王母飯

黍，又稱為糜子，脫粒後為黃米。在唐代，用黍米煮飯或熬粥亦為尋常。

唐代黍的種植面積頗廣，黍米飯自然而然地成為北方廣大地區的主糧。唐代很多詩人都吟誦過黍米飯。「柴門寂寂黍飯馨，山家煙火春雨晴。」[40]外有柴門寂寂，內有黍香怡人，農家炊煙裊裊，春雨過後天空放晴，露出清新雅緻的天青色。「廚香炊黍調和酒，窗暖安弦拂拭琴。」[41]滿室瀰漫著黍飯和美酒混合的溫暖氣息，悠然地調好古琴，臨窗輕撫一支仙曲。「故人具雞黍，邀我至田家。」[42]有雞有黍的日子，便是唐代普通農家人眼中的幸福生活。

黍米並非難登高雅之堂的尋常之物，大唐宰相韋巨源之《燒尾食單》裡的御黃王母飯，是一道精製的黃米蒸飯，不過也有人稱其為蓋澆飯。御黃王母飯大概在西周「八珍」之一——淳母的基礎上演變而來。將肉醬烹製好以後，蓋在黍米飯上，再澆上油脂，謂之淳母，而蓋在陸稻[43]上，則稱為淳熬。[44]

《燒尾食單》記載：「遍縷卵脂，蓋飯面表，雜味。」[45]黍米飯的表面被嚴嚴實實地鋪上一層絲狀的卵脂。一盤黃燦燦的御黃王母飯，綿糯油亮、異彩紛呈，光是欣賞就足以把饞蟲誘上喉頭。

稷與黍對中國歷史的發展有著舉足輕重的作用。古人甚至將稷拔高至與國家齊肩的地位，如「江山社稷」中的「稷」即為此。稷這種糧食作物對中國早期歷史發展的貢獻遠遠超過了小麥。近年有學者認為，若單以糧食作物而論，秦統一天下的真正力量是粟米，而非小麥。[46]曾雄生先生也提及，唐以前北方始終以粟為主，直到中唐以後小麥才成為與粟平起平坐的主糧之一。[47]黍也被古人賦予極高的地位，主要表現為黍在祭祀中占據著至關重要的位置。追溯至周代，夏至日祭地，黍是重要的祭品之一。儘管幾千年來人們對「五穀」的概念並未達成共識，但黍與稷往往是「五穀」中不可動搖的主角。值得玩味的是，史前農人最早栽培成功的穀物恰好也是稷與黍。[48]因此，二者的地位或許早在史前時代就已經奠定了。

三、粗食療民飢

（一）唐代食人現象

對於大唐的朱門大戶來說，他們絕不會饜足於一碗樸素單調的米飯。但對尋常人家而言，在治世中每日可飽餐兩三頓便已心滿意足，倘若遭遇荒年和戰亂，他們也許只有蔬飯或粗飯果腹，乃至仰賴於橡栗飯勉強度日。

明清時期，番薯、土豆、玉米、花生等來自於美洲的高產作物被引進中國。明清以降，這些高產作物養活了世世代代的清貧百姓。而唐代的貧苦人家卻沒有更多選擇，他們也曾「所在皆飢，無所依投」[49]，僅靠最低的生活標準以維持生計。「留客羞蔬飯」[50]；「蔬飯療朝飢」[51]；「鐘鼎山林各天性，濁醪粗飯任吾年」[52]；「中廚辦粗飯，當恕阮家貧」[53]……這些詩句鮮活地呈現出社會下層人民度日的艱辛。

橡實

蔬飯，即以蔬菜為主料的吃食，大概以野菜為主。粗飯取材於粗糧，也有觀點認為它專指糙米飯。在衣食無憂的今天，人們大力倡導多食蔬菜與粗糧。但對於唐代下層百姓來說，這些食物往往是他們的無奈之選。

相較於蔬飯或粗飯，橡栗飯更次一等。橡栗即橡實，也叫橡子，是橡樹的果實。橡栗與板栗的外表十分相似，故而極易魚目混珠。雖只一字之差，滋味與效用卻有著天淵之別。板栗香糯甘甜，有補腎強筋之效。橡栗外表堅硬，身披極具欺騙性的酒紅色外衣。其仁酷似花生卻十分苦澀，口感遠遠不及甘滋綿軟、香氣濃郁的板栗。

唐肅宗乾元年間[54]，杜甫客居同谷[55]。時值安史之亂後期，大唐境內瘡痍滿目，民窮財盡，詩人杜甫也曾撿拾橡實果腹。

有客有客字子美，白頭亂髮垂過耳。
歲拾橡栗隨狙公，天寒日暮山谷裡。
中原無書歸不得，手腳凍皴皮肉死。
嗚呼一歌兮歌已哀，悲風為我從天來。[56]

這段艱難竭蹶的日子躍然紙上，讀之令人淚如泉湧。

以橡實飯果腹，並不限於北方一地，浙江紹興地區的百姓也曾以橡實充飢。唐代詩人朱慶餘將自己食用橡實的經歷記載在《鏡湖西島言事》一詩中：

慵拙幸便荒僻地，縱聞猿鳥亦何愁。
偶因藥酒欺梅雨，卻著寒衣過麥秋。
歲計有餘添橡實，生涯一半在漁舟。
世人若便無知己，應向此溪成白頭。[57]

該詩所提及的鏡湖位於今天的紹興。由此可知，年頭不佳的時候，唐人食用橡實度世亦非罕見之事。

古人通常將橡栗磨成粉，製成橡子麵食用。雖說橡栗可以勉強療飢，但此物性溫，長期食用後易致便祕，實熱火亢者尤不適宜。不過，人們也常借其特性治療腹瀉、痢疾。在饔飧不繼且沒有成藥的歲月裡，百姓生活難受可想而知。

天災人禍的年代裡，能飽餐一頓橡栗飯或橡子麵，已是千恩萬謝。在後人心中打上「盛世」烙印的大唐，食人的局面也時有耳聞，如此慘絕人寰的一幕發生在平定安史之亂的戰爭中。

昔年，唐軍將領張巡與太守許遠共守睢陽[58]。軍中幾度損兵折將，而且還斷了糧草。名將南霽雲帶領三十名騎兵衝出重圍，向臨淮守將賀蘭進明借兵未果。爾後，士兵們相繼餓死。張巡見狀後心急如焚，狠心殺死愛妾，強令各位士兵食用，在座者無不失聲痛哭。許遠效法，也殺害自己的奴僕供戰士們療飢。[59]古往今來，兩人的行為頗受人們爭議。然而，睢陽還是未能逃脫淪陷的厄運，張巡等人皆被俘而死。至唐僖宗時代，張巡、許遠、南霽雲三人的肖像被請入凌煙閣，供後世祭奠緬懷。

儘管橡實並非人們理想中的食品，但比起食人慘狀，要好出幾百倍。晚唐的詩人們感嘆：「薜蘿山帔偏能湄，橡栗年糧亦且支。」[60]「自冬及於春，橡實誑飢腸。」[61]橡栗堪稱一位救荒之臣，其歷史功績不容抹殺。在近代大機器生產時期，它還可作為紡織業漿紗的原料。

此外，古人還食用另外一種並不適口的伙食——麥飯。今天，五花八門的麵食比比皆是，但實際上，麵食的誕生經歷了相當長的一段歷史時期。在人們尚未掌握麥子的磨粉技術之前，先民們最初食用的是麥飯。所謂的麥飯，即「磨麥合皮而炊之也」。[62]從古籍描述來看，麥飯是以整粒小麥煮食，想必入口之後味同嚼蠟。而在小麥麵食之後的歷史時期，古人卻刻意食用這種並不適口的麥飯來表明某些特殊的情感。南朝時期，守喪的孝子們往往通過食用麥飯來表達對父母養育之恩的感念。

後來，隨著石磨的出現以及麥類加工水平的突飛猛進，原本口感較次的整粒小麥以全新的姿態步入了人們的生活。味道別致的麵食在產生之初就迅速登上了大雅之堂，成為帝王餐盤中的主食，這一轉變大約發生在東漢時期。[63]至唐代，人們製作麵食的技藝已經發展到爐火純青的境界。然而，即便如此，由於種種原因，民間依舊有食用麥飯的現象。

在撼動大唐帝國的安史之亂中，一向錦衣玉食的皇室成員也品嚐到了麥飯的滋味。據《天寶亂離記》載，六月十一日，玄宗一行大駕幸蜀，他親自詢問當地百姓：「卿家有飯否？不擇精粗。」[64]於是，沿途的大唐子民競相為落魄的逃亡隊伍獻食，「擔挈壺漿，雜之以麥子飯，送至上前」。[65]平民們奉湯獻水，其間還有彼時的下等伙食——令人難以下嚥的麥飯。玄宗命侍從將食物優先分發給兵士、六宮嬪妃及皇孫等，眾人見到飯食猶如天降甘霖一般，紛紛不甘人後，直接以雙手捧掬而食。但是僧多粥少，食物頃刻而罄，眾人深覺意猶未盡。玄宗不肯白吃白喝，令人付了錢，還跟他們嘘寒問暖。鄉親們皆痛哭流涕，玄宗也不禁掩面哭泣。

（二）吃糠咽菜

在中國，水稻有著源遠流長的種植歷史。稻米歷來是南方人的主糧，「楚越之地，地廣人稀，飯稻羹魚」，是兩千多年前的司馬遷在《史記．貨殖列傳》中對江南一帶飲食習俗的精闢概括。唐代上品的稻米產自吳興一帶，有著「炊之甑香」[66]的極高品質。不過，今日太湖一帶的豪門並不崇尚本地大米，而是泰國香米。以魚翅、泰國香米和紅醋三者相拌而食，其味美不可盡言。

水稻不屬於北方自然條件下的優勢作物，明代王士性對此有過深度地分析：

> 江南泥土，江北沙土，南土溼，北土燥，南宜稻，北宜黍、粟、麥、菽，天造地設，開闢已然，不可強也。[67]

但事實上，早在史前時代，黃河流域就有種植水稻的現象，如距今約八千年左右的河南舞陽賈湖遺址、仰韶文化遺址、河南鄭州大河村遺址等都有稻作遺存的發現。[68]此外，古代的關中、太行山以及幽燕地區[69]，都曾有水稻種植的記載。唐代人利用灌溉技術，甚至可以成功地將水稻種在氣候乾旱的河西等地。[70]當時，人們已經能培育出豐富的水稻品種，唐詩中有不少關於香稻、紅稻、粳稻、早稻、晚稻的詩句。

稻米屬於細糧，在唐人眼中其品位較高。據黃正建先生的研究，唐代驛站供應過往官吏，專對大使提供白米飯，而隨從就只給黑粗飯；在北方的敦煌地區，稻米飯更顯珍貴，用來特供節度使。

隋唐時代，三餐制開始普及，這從唐詩中自可窺見：「林下中餐後，天涯欲去時」[71]；「朝眠因客起，午飯伴僧齋」。[72]詩中都提到了中餐、午餐這樣的字眼。對唐代的普通百姓來說，一日三餐能夠吃上稻米飯是一種享受。「早炊香稻待鱸鱠，南渚未明尋釣翁。」[73]清晨起來，煮好熱乎乎的稻米飯，馨香盈室。耐耐性子，強忍著口水，等待著日出之前所釣的鱸魚出鍋。

作為一個地道的南方人，那些關於稻米的記憶，早已融入我渾身的血液裡。記得兒時，童稚的我曾向外祖母抱怨早稻米的滋味欠佳，她卻告訴我說嫌棄早稻難吃是罪過的，稻米都是寶貝。那時的我似懂非懂，後來才領會到，在她過去的歲月裡，有相當長的一段時間內根本吃不到白米飯。

一九三〇年代初，外祖母出生於浙江台州的一個鄉村，其家頗為殷富。年幼之時卻家勢中落，大約在她十歲左右，生活變得敝衣枵腹，外曾祖父甚至將其中一個兒子販賣給挑夫走卒，時至今日依舊杳無音信。外祖母那一代人歷經了大半輩子的天災人禍，生活之艱辛不言而喻。

曾經，細糠、番薯渣、番薯皮，以及腐爛的番薯等此類甚至連豬都厭棄之物，卻都是外曾祖父母、外祖母乃至父輩們那幾代人賴以療飢的食物。祖母沒嚐過這些東西，不過她追憶說，不知為何，在十五至十七歲那幾年，日子過得異常艱難。外曾祖父母靠吃細糠度世，卻把那些年的上等口糧——番薯絲留給了她。

吃糠與番薯等物，基本以當時廣大鄉村百姓以及城市貧民為限，這一現象又何止限於浙江一地呢？我曾聽人說起，一位福建惠安籍的老教授，一九五〇年代以優異的成績從偏僻的小山村裡考入了大上海的華師大地理系。來校的第一餐，食堂供應白米飯，他喜不自禁之餘，還有點難以置信，以為白米飯只是學校裡待客的飯食。之後的伙食，居然頓頓有白米飯，他激動得奔走相告。

農民吃糠等物，何止是因貧困所致？可以說，彼時的城市居民能夠吃上米飯，往往以廣大農民吃糠咽菜為代價來換取。而今，不乏愚昧無知者至今依然持有城鄉偏見，如井底之蛙一般蜷縮在城市的一隅，懷著與生俱來的優越感。

那麼，人們所吃的糠自何而來呢？

舊時，人們割完稻之後，先用打稻機將稻穀與秸稈分離。而更早以前，是憑藉人力甩動脫粒。脫粒之後，再經過多次揚穀、曬穀以及耙穀。經過這幾步處理能去除大部分秸稈與雜草，可仍有殘餘，同時還有秕穀的摻雜，這就需要動用揚穀扇車。

西元前二世紀，中國古代勞動人民發明了旋轉式揚穀扇車，外祖母家就有一臺，我小時候仍見過它運作的場面。揚穀扇車，南方也叫風車，它以人力為動力，進而產生氣流，依靠風力把壯穀[74]之外的雜物揚棄。隨後，將壯穀倒入大石臼內舂。舂過後的壯穀，穀殼與大米並未分離，仍要再用風車將穀殼揚掉，此時從風車車斗內吹出的就是過去鄉村百姓和城市貧民們所食用的糠了。

細糠則還需把糠放入石磨中研細，雖說已經通過簡單的加工，卻依舊難以入口。據年紀較長的姨媽回憶，她幼時曾吃過細糠，用蔬菜將它包裹好，再勉強吞嚥下去。我原本以為細糠中會羼點麥粉，如此才能揉成一團。其實不然，他們所食用的細糠裡唯有糠而已。由於長期食用此物，再加平日裡長期不沾半點油腥，導致當時不少人糞便難解。有人曾用筷子疏通，以致腸道大量出血。這卻非危言聳聽，而是真實無妄的現實。

番薯渣是紅薯加工成澱粉之後殘留下來的廢棄物。光景稍有起色的時候，才能夠吃上番薯。

據老一輩人回憶，「水洋」一帶的百姓，樂意將女兒許配到我們這邊的各個山村。他們所說的水洋，是相對於溫嶺平原地區的新河、箬橫一帶的稱呼。「水洋」之名，想必取自於當地的水洋港。舊時每逢天災人禍，這些地方都在劫難逃，尤其發洪水之後，基本上顆粒無收。

「打風颶、做大水」，是當地百姓稱呼天災的慣用詞彙。丘陵地區雖然擋不住颱風的肆虐，但在洪水面前，丘陵地帶的百姓卻不似在平原地區那般無計可施。人們在山丘上栽種各種救飢的作物，其中最多的當屬番薯。那時，生食番薯為普遍現象，卻難以避免體內滋生蛔蟲的風險。用

《天工開物》中的風扇車

番薯、大米烹煮成一鍋紅白相間、清香迎面的番薯米飯，是昔年多少人夢寐以求之事。

可是，糠、紅薯渣和爛紅薯也有吃不到的時候。又或者，就算成年人能仰仗這些東西餬口，可是少不更事的幼兒呢？姑婆年幼之時，險些因為飢餓而喪命。曾祖母曾眼睜睜地看著奄奄一息的愛女逐步昏死過去，卻愛莫能助，驚惶失措之際，幸好在犄角旮旯裡尋見幾粒救命的綠豆，將其磨成粉，餵到女兒的口中，才倖免一死。

父輩們年少時也吃不到純粹的白米飯。每年兩次的稻米豐收季，全家六口人一頓的伙食，基本上是量一手掌大米入鍋，其餘以番薯絲添補。而一年中的其他月分，番薯絲權作米飯食用。這是農村的普遍現象。對於家裡的男主人或者體弱多病者，主婦們會特別關照，酌情為其增添大米的比例。做飯時，待鍋中的番薯絲快要煮乾的時候，主婦們操起鐵製的長柄飯鑊，將之剷出一點空隙，再放一小把羼雜少許番薯絲的大米繼續燜煮。家中的其他成員或有覬覦優待者伙食，會不由地用飯鐽「撇」一點。偶爾為之本無可厚非，不過有人屢屢「以身試法」，被逮住後卻美名其曰「飯鐽想吃大米飯」。

四十餘年前的一個夜晚，甲、乙、丙、丁和戊五君相邀前往附近村莊看電影，徒步往返一小時，早已飢腸轆轆，此時有人提議吃粳米年糕。於是回家途中，他們在鄰村的菜地裡順了一株大白菜。甲、乙、丙每人各自去家中竊得一根年糕，丁是外村的，不便回去。戊自幼無父無母，家中繩床瓦灶，平時連油都吃不起，更別提年糕了。

有了年糕與菜，意味著萬事俱備，只欠東風，最後去誰家煮呢？甲和乙都說嚴父要苛責，而戊的家中無油，最後一致商定去丙家。因為丙是獨子，甚寵。為此，丙家還另添了兩根年糕，如此一來，共五大根年糕，外加一顆重達七八斤的大白菜。現在一根年糕，可供普通食量的三人飽餐一頓，而過去的一根年糕體積更大。一切備齊，一夥十幾歲的少年浩浩蕩蕩地向丙家挺進。

台州人吃年糕，都是切成條狀，而不少地方卻切成橢圓形。當時，八仙桌上切好的年糕與白菜重重疊疊、堆積如山，連平素裡用來燒飯做菜，直徑〇·六公尺的鐵鍋都容納不下，便只好用更大的鐵鍋了。他們還擔心不管飽，建議務必要寬湯煮。一陣忙活之後，終於等到開鍋了！大鐵鍋裡的湯年糕「襯沿襯封」[75]。事實上，這種尺寸的鐵鍋在當地是專門用來煮豬食的。大家爭先恐後捧著粗瓷大碗，狼吞虎嚥、稀哩呼嚕地大快朵頤了一回。每人都分到了四五碗，鍋中鐽得連一滴湯汁也不剩。這鮮美無比、痛快淋漓的滋味，絕對刻骨銘心、畢生難忘！

我一個「手帕交」的父親，少年時代食量如牛，且食速驚人，每到開飯總是低頭狂吃猛灌，一碗接著一碗，鍋中本來就少得可憐的食物瞬息被他一掃而光。母親逼不得已，只得在其換第二碗之前，咬緊牙關將他揍上一頓，在他哭罵的瞬間，母親便趁機催促其他人爭分奪秒地多吃點。

我父親的食量也很大，但他吃完第一碗之後，總是默默地離席，坐到柴灶旁，或撥弄炭火，或理理木柴，大概是為掩飾自己的食欲吧！等全家人都放下碗筷，他才去鍋裡鏟那些剩下的米飯——與其說米飯，倒不如說是紅薯絲更確切一點。家裡人知道他胃口大，每餐必定會給他留一些。父親也不會全部吃完，每每必會留一口在鍋裡。直到衣食無憂的今天，他在盛飯時還會剩小半碗在鍋中——即便在他沒吃飽的時候。而我和母親屢屢因出現剩飯而表示抗議，殊不知他的良苦用心。

追憶陳年往事，一把辛酸淚！

祖輩與父輩們時常感慨不已：「做夢也沒有想到會有如今衣食無憂的生活……」曾經飽嚐飢餓之苦的他們，不到萬不得已的地步絕不會將米飯輕易丟棄。萬一剩菜剩飯餿了，他們只得倒掉，但口中必定唸唸有詞：「罪過啊罪過，要是能養隻雞就好了……」

主婦們做飯的時候，憂心著家人們是否受餓，米量必定寬放，所以廚房出現剩飯的現象是司空見慣，而母親們吃隔夜飯菜的情況更是屢見不鮮。晚輩們總是苦口婆心地跟她們推廣養生之道，一旦用詞不當還會爆發小規模的家庭戰爭，我也曾經因此耿耿於懷。直到了解上一輩人的成長經歷之後，才有所釋然，只好勸他們少放點米。

中國人逢人必問的那句「你吃飯了嗎？」著實意味深長。即使是今天，全國大多數地區的問候語仍舊是一句「你吃飯了嗎？」如此奇特的問安方式讓外邦友人們匪夷所思，然而，此話的真正內涵想必只有國人方能領悟。

四、公私倉廩俱豐實

唐代劉餗的《隋唐嘉話》以「行旅不齎糧」[76]這樣簡單而平直的文字記錄了大唐飲食的豐足。同時代的《開天傳信記》記載，開元初，「左右藏庫財物山積，陳腐不可勝較」。[77]後世文人又以「斗米不過三四錢」[78]頌揚貞觀時期的糧食富足。孤證不立，被後人奉為中國古代最大的糧倉——洛陽含嘉倉，正是隋唐時代的國家糧倉。

據《通典》記載，天寶八載[79]，全國主要大型糧倉的儲糧總數為12,656,620石，而含嘉倉即有5,833,400石，占將近二分之一。[80]按中國歷史博物館藏唐高祖武德元年[81]的銅權，可知當時的一石相當於今天公制的79,320克，即79.32千克。[82]換算成公制，含嘉倉的儲糧總量應為462,705.288噸。

這種情況的出現，大概是出於隋末戰亂的教訓。隋末，東都的糧倉頗為分散，洛口、回洛等倉被據後，東都終因糧食危機而陷落。因而至唐代，政府便事先將粗米都聚積在含嘉倉中，以保障洛陽城的糧食供給。[83]

含嘉倉城建於隋大業元年[84]，位於隋唐洛陽宮城的東北方向，整體略成斜長方形，東西達六百餘公尺，南北七百餘公尺，總面積約四十三萬平方公尺。[85]據《大業雜記》記載，含嘉倉有南、北和西三個大門，南曰含嘉門，北曰德猷門，西曰圓璧門。

中國對洛陽含嘉倉的考古發掘，始於一九七一年一月，通過半年多的調查，在倉城內已鏟探發現糧窖二五九個，可謂星羅棋布。至一九七二年，發掘出六個糧窖，分別為窖十九、窖五十、窖五八、窖一六〇、窖一八二，以及窖二三四，每個窖都留有唐代遺物，證實含嘉倉確係大唐的國家糧倉。其中，窖一六〇還存留有當年的穀子，這堆穀子在貯藏時應和窖體相當，約五十萬斤，後經一千餘年的演變已悉數炭化，僅剩大半窖。[86]

含嘉倉存儲的主要是粟米與大米。[87]從出土銘磚上的刻字來看，其儲糧主要是來自華北的粗粟和江南的粗糙米，如江南的蘇州、楚州[88]、滁州[89]和華北一帶的冀州、邢州[90]、德州[91]、濮州[92]、滄州[93]和魏州[94]等。[95]

州名	品種	數量	儲存含嘉倉時間
蘇州	糙米	一萬三口口十五石	唐聖曆二年正月八日
邢州	小口	七千五百石九斗八升	唐長壽二年三月二十四日
冀州	不詳	萬四千二百八十石	不詳
口州	不詳	六千七百十一八石六斗六升八合 六十七石一斗八升六合六勺八撮	不詳
德州	粟	八千二十石	唐天授元年
濮州	粟	一千二百八十石	同右
魏州	粟	七百九口口石	同右
滄州	粟	六百石	同右
不詳	米	一萬三……升五合六勺	不詳

含嘉倉出土銘磚上記載儲糧統計表。詳見河南省博物館、河南市博物館：《洛陽隋唐含嘉倉的發掘》。

除含嘉倉以外，隋唐時期還有六大官倉：洛口倉、回洛倉、河陽倉、常平倉、廣通倉和黎陽倉，較小型的有龍門倉、武牢倉、柏崖倉，以及渭南倉等。此外，全國各個地方上還有義倉、社倉和常平倉。[96]

洛陽含嘉倉是深埋地下的一個傳奇，是千餘年前的隋唐帝國鼎盛富足的一大見證。尤其是一千三百年多前巍然屹立於世界的大唐王朝，彼時幅員遼闊、政通人和、安定富饒。唐太宗統治時期，這塊廣袤的膏腴之地上，一個民殷國富的太平盛世呈現在世人面前，史稱「貞觀之治」。時光流轉約六十年，大唐又步入了另一個史上罕見的治世——「開元盛世」。對於開元時的社會盛況，我們在杜甫的詩篇中可見一斑：

憶昔開元全盛日，小邑猶藏萬家室。
稻米流脂粟米白，公私倉廩俱豐實。
九州道路無豺虎，遠行不勞吉日出。
齊紈魯縞車班班，男耕女桑不相失。
宮中聖人奏雲門，天下朋友皆膠漆。
百餘年間未災變，叔孫禮樂蕭何律。[97]

「稻米流脂粟米白，公私倉廩俱豐實」，是杜甫對盛唐糧食富足的形象描摹。此外，最能表現盛唐氣象的還有基本生活物資價格的低廉以及治安的穩定。據《通典》記載：「至（開元）十三年封泰山，米斗至十三文，青、齊穀斗至五文。自後天下無貴物。兩京米斗不至二十文，面三十二文，絹一疋二百一十二文……商旅遠適數千里不持寸刃。」[98]

唐代除耳熟能詳的「貞觀之治」、「開元盛世」以外，還有高宗時期的「永徽之治」，憲宗時期的「元和中興」，以及宣宗時期的「大中之治」等，想來大唐是古代治世與中興最多的時代。享國近三百年的大唐王朝，可以說是中國古代最強盛的時代。

註釋

1 王鳴江：《飲啄雜譚》，北京工業大學出版社，二〇一五年八月。

2 西元一八三三年。

3 〔清〕鄭光祖：《一斑錄》之《雜述》一，清道光舟車所至叢書本。

4 《周禮．天官．膳夫》。

5 〔唐〕張志和：《漁父歌》，《全唐詩》卷二十九。

6 〔唐〕沈韜文：《遊西湖》，《全唐詩》卷七百六十三。

7 〔唐〕陸龜蒙：《大堤》，《全唐詩》卷六百二十七。

8 〔唐〕李白：《宿五松山下荀媼家》，《全唐詩》卷一百八十一。

9 〔唐〕杜甫：《江閣臥病走筆寄呈崔盧兩侍御》。〔清〕盧元昌：《杜詩闡》卷三十二，清康熙二十一年（西元一六八二年）刻本。

10 〔唐〕王維：《送友人南歸》，《王右丞集箋註》卷八《近體詩三十三首》，清文淵閣四庫全書本。

11 〔唐〕王維：《春過賀遂員外藥園》，《全唐詩》卷一百二十七。

12 〔唐〕王維：《登樓歌》，《全唐詩》卷一百二十五。

13 〔明〕李時珍：《本草綱目》卷二十三。
14 〔宋〕陶穀：《清異錄》卷四。
15 〔唐〕徐堅：《初學記》卷二十七《寶器》部，清光緒孔氏三十三萬卷堂本。
16 〔宋〕邵雍：《夢林玄解》卷十七《夢占》，明崇禎刻本。
17 〔唐〕陸龜蒙：《潤卿遺青餻飯兼之一絕，聊用答謝》，《全唐詩》卷六百二十八。
18 〔唐〕杜甫：《贈李白》，《杜工部集》卷一《古詩五十首》。
19 〔宋〕陳達叟等：《蔬食譜・山家清供・食憲鴻祕》，浙江人民美術出版社，二〇一六年十月，頁一一。
20 〔唐〕白居易：《宿張雲舉院》，《全唐詩》卷四百六十二。
21 〔唐〕王維：《奉和聖制幸玉真公主山莊因題石壁十韻之作應制》，《全唐詩》卷一百二十七。
22 〔唐〕牟融：《題道院壁》，《全唐詩》卷四百六十七。
23 〔宋〕蘇軾：《仇池筆記》卷下，清文淵閣四庫全書本。
24 〔唐〕張說：《行從方秀川與劉評事文同宿》，《全唐詩》卷八十六。
25 用雙手拿椅子、凳子等。
26 饐，音「易」，即食物經久腐臭。
27 你。
28 妗，音「近」，用來稱呼舅媽。
29 颸，音「思」，風颸在台州一般特指颱風。
30 海寧硤石方言，相當於普通話中的「我們」。
31 也有人喜歡在大米中羼入糯米。
32 黃正建：《走進日常：唐代社會生活考論》，頁一〇三。
33 〔宋〕李昉：《太平廣記》卷一百六十五《廉儉》。
34 〔唐〕褚亮：《冬至圜丘並褚亮等作・順和》，《全唐詩》卷十二。

35 黃正建：《走進日常：唐代社會生活考論》，頁一〇二。
36 許嘉璐：《中國古代衣食住行》，頁五〇—五五。
37 西元七一九年。
38 明代劇作家湯顯祖創作的《邯鄲記》，將呂翁改為八仙之一的呂洞賓。
39 博陵崔氏、清河崔氏、范陽盧氏、滎陽鄭氏、太原王氏、趙郡李氏、隴西李氏。
40 〔唐〕貫休：《春晚書山家屋壁二首》，《全唐詩》卷八百二十六。
41 〔唐〕白居易：《偶吟二首》，《全唐詩》卷四百五十。
42 〔唐〕孟浩然：《過故人莊》。〔清〕徐倬編：《全唐詩錄》卷十一，清文淵閣四庫全書本。
43 無需灌溉也能生長（如在多雨地區）的水稻。
44 〔漢〕戴聖：《禮記．內則》。
45 〔唐〕韋巨源：《食譜一卷》。〔元〕陶宗儀編：《說郛三種》之《說郛一百二十卷》卷九十五，頁四三三八。
46 韓茂莉：《中國歷史農業地理（中）》，北京大學出版社，二〇一二年三月，頁三三〇。
47 曾雄生：〈論小麥在中國的擴張〉，《中國飲食文化》（臺北）二〇〇五年第一期。
48 王仁湘：《中國史前考古論集．續集》，頁一五九。
49 〔宋〕王欽若：《冊府元龜》卷一〇五。〔宋〕司馬光：《資治通鑑》卷第二百五十二《唐紀》六十八。
50 〔唐〕李洞：《過野叟居》，《全唐詩》卷七百二十二。
51 〔唐〕白居易：《官舍小亭閒望》，《全唐詩》卷四百二十八。
52 〔唐〕杜甫：《清明二首》，《杜工部集》卷十八《近體詩五十七首》。
53 〔唐〕王維：《鄭果州相過》，《王右丞集箋註》卷七《近體詩三十九首》，清文淵閣四庫全書本。
54 西元七五八—七六〇年。
55 即今天甘肅成縣。

56 〔唐〕杜甫：《乾元中寓居同谷，作歌七首》，《杜工部集》卷三《古詩七十八首》。
57 〔唐〕朱慶餘：《鏡湖西島言事》，《全唐詩》卷五一六。
58 治所在今河南商丘南。
59 〔宋〕歐陽修：《新唐書》卷一百九十二《列傳》第一百一十七《忠義》中。
60 〔唐〕貫修：《山居詩二十四首》。〔清〕李調元：《全五代詩》卷五十五，清函海本。
61 〔唐〕皮日休：《橡媼嘆》，《全唐詩》卷六百八。
62 〔漢〕史游：《急就篇》，四部叢刊續編景明鈔本。
63 韓茂莉：《中國歷史農業地理（中）》，頁三三五。
64 〔宋〕司馬光：《資治通鑑考異》卷第十四。
65 〔宋〕司馬光：《資治通鑑考異》卷第十四。
66 〔唐〕馮贄：《雲仙雜記》卷二。
67 〔明〕王士性：《廣志繹》卷二，清康熙十五年（西元一六七六年）刻本。
68 王仁湘：《中國史前考古論集・續集》，頁一五九。
69 泛指河北北部及遼寧一帶。因前述地區唐代以前屬幽州、戰國時期屬燕國，故有幽燕之稱。
70 韓茂莉：《中國歷史農業地理（中）》，頁四六二—四六四。
71 〔唐〕賈島：《送貞空二上人》，《全唐詩》卷五百七十二。
72 〔唐〕白居易：《詠閒》，《全唐詩》卷四百五十。
73 〔唐〕許渾：《夜歸驛樓》，《全唐詩》卷五百三十四。
74 南方人稱顆粒飽滿的穀粒為壯穀。
75 音讀，台州方言，指滿到將要溢出。
76 〔唐〕劉餗：《隋唐嘉話》上，明顧氏文房小說本。
77 〔唐〕鄭綮：《開天傳信記》，明刻百川學海本。

78 〔明〕夏良勝：《中庸衍義》卷五，清文淵閣四庫全書本。
79 西元七四九年。
80 〔唐〕杜佑：《通典》卷十二《食貨》十二。
81 西元六一八年。
82 羅竹風主編：《漢語大詞典縮印本（下卷）》，頁七七七六。
83 鄒逸麟：〈從含嘉倉的發掘談隋唐時期的漕運和糧倉〉，《文物》一九七四年第三期。
84 西元六〇五年。
85 段鵬琦：〈隋唐洛陽含嘉倉出土銘文磚的考古學研究〉，《考古》一九九七年第十一期。
86 河南省博物館、河南市博物館：〈洛陽隋唐含嘉倉的發掘〉，《文物》一九七二年第三期。
87 河南省博物館、河南市博物館：〈洛陽隋唐含嘉倉的發掘〉。
88 江蘇淮安。
89 安徽滁州。
90 河北邢臺。
91 山東德州。
92 河南濮陽。
93 河北滄縣。
94 河北大名。
95 河南省博物館、河南市博物館：《洛陽隋唐含嘉倉的發掘》。
96 鄒逸麟：《從含嘉倉的發掘談隋唐時期的漕運和糧倉》。
97 〔唐〕杜甫：《憶昔二首》，《全唐詩》卷二百二十。
98 〔唐〕杜佑：《通典》卷七《食貨》七。

第五章 朱門庖廚俱玉饌

在中國的西部與西南部的一些省分，有一道風味名菜——泥鰍鑽豆腐，又名貂蟬豆腐、漢宮藏嬌、玉函泥，曾一度受到老饕們的追捧。此菜的燒製方法是先將容器中的清水調入蛋清液與適量食鹽，再把泥鰍倒入容器內，餵養一夜以排淨淤泥。第二天，將泥鰍倒在盛著整塊嫩豆腐的鍋中，並佐以五味後用文火燉煮。須臾之間，泥鰍被熱浪所迫鑽進豆腐內躲藏。這樣一來，待湯沸騰之後泥鰍全部燙死在豆腐中，故名泥鰍鑽豆腐。相傳，周口漁民邢文明為其始作俑者。

比起泥鰍鑽豆腐的殘忍，唐代張易之、張昌宗兩兄弟的「罨鵝籠驢」之法絕對有過之而無不及。張易之將鵝或鴨關在一個大鐵籠中，籠內有熱炭火以及貯放五味湯汁的銅盆。鵝鴨在炭火的炙烤之下，繞著火不停地旋轉奔走，口渴難耐之際便只好飲下銅盆內的調料。少頃，鵝鴨「表裡皆熟，毛落盡，肉赤烘烘乃死」。[1]張昌宗的炙活驢是先將活驢攔於小室內，起炭火，置五味汁，如法炮製。[2]二張的手段如此狠毒，與傳說中廣東人活食猴腦的惡趣味不相上下。

二張同為武則天所寵幸，張易之掌控鶴監[3]，其弟昌宗為祕書監[4]。宰相楊再思曾如此阿諛奉承張昌宗：「人言六郎似蓮花，非也，只是蓮花似六郎。」[5]張昌宗排行第六，六郎即指他。二張皆貌似蓮花，卻都暴虐無道。

不過，無論是張易之的「爨鵝」之術，還是張昌宗的「籠驢」之法，都無法代表唐代社會上層的飲食習慣。雖說唐人在飲食上好奇尚異，但似這般陰毒的吃法卻實為少數。

唐德宗貞元年間[6]，有一將軍時常說，「物無不堪吃，唯在火候，善均五味」。[7]他曾以破敗的馬具障泥[8]、藏矢的器具胡盝[9]為食材，處理炮烹後食用，其味極佳。比起二張，這位將軍的飲食癖好頓顯溫潤儒雅。

唐代是一個將吃喝玩樂演繹到淋漓盡致的時代，王孫貴戚府邸、達官顯貴之家尤甚，皇宮內苑自不待言。

一、太官尚食陳羽觴

（一）帝王家廚房的規模

大唐宮廷的飲饌事宜主要由光祿寺和尚食局掌管。

古代天子享用御膳之前，一般先由試食宦官嚐驗。至唐代，這一重要的使命由唐宮的一大膳食機構——尚食局承當。本書開篇所述的韋巨源燒尾宴，自然也不會破例而免去嚐驗。尚食局是隋唐政府在光祿寺的基礎上新置的一個御膳督辦機構，以保障宮廷膳食順應自然規律，即「春肝、夏心、秋肺、冬腎」的四時調攝之道。尚食局設有司膳[10]、司醞[11]、司藥[12]、司饎[13]，兼有食醫[14]數名。唐高宗統治時期，曾一度改尚食局為奉膳局，後又復舊。

然則古代宮廷更早的御膳督辦機構並非尚食局，而是光祿寺。「掌祭祀、朝會、宴饗、酒醴、膳羞之事」[15]的光祿寺，為古代「九寺」之一，長官為卿，自北齊正式掌管膳食，直至末代王朝清朝。大唐的光祿寺下設太官[16]、珍饈[17]、良醞[18]和掌醢[19]四署，祭祀、朝會、御宴和文武百官的飲饌諸事皆為其所須承擔之大端。

唐宮精美絕倫的御膳背後，又何止是光祿寺和尚食局兩大職能機構「默默無聞」的付出呢？光祿寺與尚食局之外，還有司農寺。司農寺掌管糧食積儲、倉廩管理，及京城朝官之祿米供應等事務，其下屬機構為上林署[20]、鉤盾署[21]，以及導官署[22]等。

東宮的政治地位非凡，這從膳食機構的設置上可窺一斑。東宮配有典膳局、食官署等專門的飲食管理機構。

（二）史上最豪奢的公主吃什麼？

唐宮的御菜有靈消炙、紅虯脯之屬，說起這兩道御饌，還與唐懿宗李漼的掌上明珠同昌公主有關。

咸通九年[23]，同昌公主下嫁進士韋保衡，禮儀之盛，空前絕後。懿宗賜錢五百萬貫，並罄皇宮內庫的寶貨相贈，以充實其宅，甚至將太宗廟內條支國所獻的數斛金麥與銀米賜予她。公主豪宅中的一切生活所用，皆飾以奇珍異寶，無不精巧華麗絕比，金銀器皿又何足道哉！同昌公主的嫁妝中，珍異之多，「不可具載」[24]，「自兩漢至皇唐公主出降之盛，未之有也」[25]。公主的生活豈是「豪奢」二字足以形容？

她寢的是全部以金龜、銀鳌支撐的「琉璃玳瑁等床」，用的是五色玉器雕琢的什合[26]，以及百寶所製的圓案，其堂中設有連珠之帳、卻寒之簾、犀簟牙席和龍罽鳳褥。同昌公主的連珠帳為珍珠所串，有趣的是，連珠帳後來被曹雪芹寫入《紅樓夢》的第五回中，成為寶玉初次做春夢之前的意象之一。

卻寒簾為不知出自何國的卻寒鳥骨所製。又有鷓鴣枕、翡翠匣，以及神絲繡被。鷓鴣枕以七寶合成為鷓鴣狀；翡翠匣以動物皮毛以及鳥獸的羽毛點綴；五色輝煥的神絲繡被上繡有三千隻鴛鴦，並間以奇花異葉，其上綴有狀如粟粒的靈粟之珠。

步輦圖[31]。唐代閻立本繪。

公主的珍異飾物蠲忿犀圓如彈丸，入土不朽爛，戴之令人忿恨嗔怒俱消；如意玉類似於桃子，上有七個小孔，通體溫潤透亮至極；九玉釵上飾有九隻姿態各異、五彩輝映的鸞鳳，其上鐫刻著「玉兒」二字，工巧妙麗。又有瑟瑟幕、紋布巾和火蠶綿等物，其中前二者為異域貢奉。瑟瑟幕用一顆顆碩大的珍珠所製，即使天降暴雨，身處幕後的人也不致溼溺；紋布巾即手巾，潔白如雪，異常光軟，沾水不溼，使用超過一年也不會滋生垢膩；火蠶綿源於傳說中的仙山炎洲，絮一襲衣衫只需耗費一兩綿，當時的一兩相當於今天的四一點三克。[27]身著用火蠶綿[28]所絮之衣，熱氣不能近身。[29]

公主以七寶步輦為座駕，四圍綴以五色香囊。香囊內貯異國所獻的闢寒香、辟邪香、瑞麟香和金鳳香，還雜以龍腦、金屑等物，外綴水晶、瑪瑙，以及用闢塵犀所刻鏤的龍鳳花。步輦頂部再用以珍珠、玳瑁所絡的珍貴飾物籠罩，「又金絲為流蘇，雕輕玉為浮動」。公主每一出遊，則「芬馥滿路、晶熒照灼，觀者眩惑其目」。[30]

一日，韋氏家族相會於廣化里。恰逢暑氣甚重，於是公主命侍女取出澄水帛，以水蘸溼後懸掛於南面的窗戶上，未幾滿座諸位頓覺心曠神怡，神采奕奕。澄水帛「長八九尺，似布而細，明薄可鑑」[32]，因含有龍涎香，故可消暑。公主還有一顆夜光珠，時常以紅色的琉璃盤盛裝，入夜後令僧祇捧立，堂中熠熠生輝，光明如白晝。

雖然，韋府每餐玉饌俱列，懿宗還唯恐不合愛女之意，三天兩頭遣使往公主廣化里的宅邸傳送御饌湯物，往來的使者相繼於道。懿宗御賜的品目如下：餚饌有靈消炙、紅虯脯，佳釀有凝露漿、桂花醑，香茗則冠以綠華、紫英之稱，無不精緻考究。

靈消炙，「一羊之肉，取之四兩」[33]，精心烤製而成，當時的四兩約為現在的一六五．二克。此饌雖經暑毒而不見腐敗，依然色正、味美如初。紅虯脯之虯並非真虯[34]，而它佇立於盤中卻如虯龍一般健碩強韌。「紅絲高一尺，以筯抑之無數分，撤則復其故。」[35]紅虯脯高達三十多公分[36]，用筷子按壓與尋常的肉脯並無差異，但筷子撤回之後即刻回彈，因而可能是動物蹄筋所製。此類飲饌為常人聞所未聞之物，想必是御宴中的極品，而公主家卻目之如糠粃。

同昌公主之奢侈獨步帝王家，堪稱古今天下第一。如此，僅僅是緣於公主的尊貴身分嗎？未必盡然。據傳，同昌公主自出娘胎後一直不曾開口說話。一天，她驀地對父親說了兩個字：「得活。」當時的李漼在政治上頗不遂心，但不久之後，恭迎他即位的儀仗卻從天而降。因此，公主被李漼視為福星，其後更是寵溺無邊。[37]

毫無疑問，同昌公主的生活為人所豔羨垂涎。然而，就在大婚後的第二年，公主罹患惡疾，醫藥無救，沒多久便撒手人寰了。懿宗悲慟至極，親譜輓歌。公主的身後事鋪張至極，不在話下。懿宗甚至令乳母殉葬，並親自為她撰寫祭文。[38]

（三）皇帝的作秀方式

唐時，蔬菜的品種尚未全然盡如人意，尤其在冬天，即使宮廷之內也不易嚐到新鮮的時蔬。所以，野菜恰到好處地裝點了唐代人的餐盤。當時，人們最常採食的野菜包括蕈[39]、蕨[40]、藜[41]、藿[42]、薇[43]、薺[44]、蓼[45]和馬齒莧等。藜與藿往往並稱，入口味同嚼蠟，因此被視為貧賤之菜。

有時，皇宮也食用一些寡味的野菜作為體恤百姓疾苦，體驗民間生活的一種方式。唐德宗即位初期，崇尚禮法，曾經號召眾位朝廷官員食用「不設鹽酪」的馬齒羹。[46]天子既然號令群臣食野菜，本人必然會身先士卒，吃膩了八珍玉食，偶爾嘗試一下山餚野蔌亦別有一番滋味，還可博得民心，一舉兩得。

馬齒莧的味道，脆潤柔嫩、肥厚多汁，爽滑中略帶酸味。如果煸炒或涼拌後食用，此菜中的酸味甚重，因而更適宜做湯，不少地方也用它來下麵。此菜有清熱解毒，涼血、止血、止痢之效，享有長壽菜、長命菜的美名，深諳養生之道的唐人必定不會對它鄙夷不屑。然而，德宗呼籲臣下食用的馬齒羹，既不加鹽，又未設酪，著實令人勉為其難。設酪？且慢，難道唐代人也廣泛食用類似於蔬菜沙拉那樣的食物？

確實如此。唐人食酪的現象相當普遍，後世大多難以企及。酪是精煉提純後的乳製品，唐人甚嗜之，是一種極為普遍的調味品。他們不僅在麵點與蔬果中調入乳品，還用它來拌飯，詩人白居易就喜食這種調入乳品的米飯。「稻飯紅似花，調沃新酪漿」[47]，酪漿是牛、羊，以及馬等動物的乳汁。白先生還喜歡在粥裡調入乳製品，「融雪煎香茗，調酥煮乳糜」[48]即可為證。

將乳品調入米飯、米粥的飲食習俗根本不算一種怪癖，他們甚至還將牛腸胃中的草料作為飲品的調料。大唐嶺南一代的容南人好食肥美的水牛肉，或炮[49]或炙，開懷大啖之後，必定以鹽、酪、薑、桂等與齏調和之後飲用。齏通常指搗碎的薑、蒜、韭菜等，而此處的齏，唐代的地理雜記《嶺表錄異》點明是指牛腸胃中已消化的草料。[50]我曾對此心生疑惑，再度查閱史籍後確認它是水牛腸胃中之物無疑！

其實，中國南方某些地區依舊完好地保留著這種令人瞠目結舌的飲食習慣。十餘年前，我的一位朋友至貴州旅遊，發現當地百姓將一種呼為百草湯的食物視為養生上品。百草湯，即牛癟，其製作工序繁雜，大致如下：將牛宰殺後，取牛胃及小腸內尚未完全消化之物，瀝出其中的汁液，加入牛膽汁及五味後再用文火慢燉而成，這種湯被人們諧謔為「牛屎火鍋」。據當地農民講，百草湯事實上並不髒，因為牛吃百草，而且其中不少為草藥，牛膽又具有消炎之效。因此，百草湯既是一道獨特的好湯，也是一味消炎解毒、健胃祛熱的良藥。即便如此，又有幾人能在它面前勇往直前呢？

想來全球炙手可熱的貓屎咖啡，其思路也非現代人開創，也許還與唐代的牛屎湯淵源頗深呢！

貓屎咖啡，又稱麝香貓咖啡，產於印度尼西亞，是全球最昂貴的咖啡之一。此物由麝香貓食用成熟的咖啡果實後，經消化系統的加工再排出體外。據說，如此發酵所得的咖啡味妙無窮，故而在國際市場上價格不菲。

（四）天子如何拉攏人心？

在唐朝宮殿裡，研究美食是幾大御膳督辦機構的天職所在，但是，大唐天子們時常也會心血來潮，踴躍嘗試食物的新奇吃法。唐玄宗曾創製一款滋補的羹臛類美饌，謂之熱洛河。熱洛河精選新鮮射殺的幼鹿為原材，取鹿血配以鹿腸熬製而成。《盧氏雜說》提及，玄宗還將此羹賜予寵臣安祿山和武將哥舒翰[51]以示特殊恩寵。顯然，此饌與「熱洛河」這一稱謂風馬牛不相及，那麼玄宗因何要將其命名為熱洛河呢？

今天的關中方言中仍存在不少漢唐遺韻，當地方言中，「洛」與「烙」同音，「熱」又與「烙」同義。有學者認為，可以把「烙」引申為人與人之間親密的關係。安祿山與哥舒翰兩人素來不和，天子時常在其間斡旋調停。玄宗以熱洛河之名，並且賜予安祿山、哥舒翰二人，暗示著希望他們消除嫌隙之意。[52]

（五）玄宗寶刀不老的祕訣

鹿在飲食史上是一種高級的野味，《紅樓夢》一書中，鐘鳴鼎食之家的賈府也曾以鹿肉為美食雋品。鹿血有養血益精之效，電視劇中也曾提及一種含有鹿血的滋補良羹——甘露羹。它是以鹿血、鹿筋加何首烏燉熬而成，食用後可令白髮變黑。

唐宮確實有甘露羹，玄宗時常把它賜予奸相李林甫。一日，李林甫見戶部員外鄭平白髮如兀，唏噓不已，對他說：「上當賜甘露羹，郎其食之，縱當華皓，必當鬒黑。」[53]次日，傳送天子賜食的中使果然來臨。賜食中真的有一道甘露羹，於是林甫將羹贈予鄭平。鄭平食後立竿見影，「一日髮毛如磐」[54]。磐，即黑色美石。甘露羹或許有黑髮的功效，但食訖一宿後就髮毛如磐，顯然是耳食之論。

（六）天子的包子是什麼餡兒？

唐人趙宗儒供職於翰林院[55]時，曾聽內廷的中使提起天子尤嗜以玉尖麵為早饌，且此物以消熊、棧肉為餡。趙宗儒便追問其形制，中使說道：「蓋人間出尖饅頭也。」[56]趙又問「消」、「棧」之意，對方答曰：「熊之極肥者曰『消』，鹿以倍料精養者曰『棧』。」[57]

可見，此處的玉尖麵是一種麵食，以肥碩結實的壯熊和悉心餵養的肥鹿為餡兒，大致相當於現在的肉包。其不同之處在於內餡更為考究，連靡衣玉食的天子都「甚嗜之」，想來必非凡品。我曾親手嘗試製作肉包，無奈技藝不精，其褶皺部分不管如何處理也無法收縮成完美的鳥巢形，只好將它捏得尖銳挺拔，不知玉尖麵之名是否也與此有一定的關聯。

貞觀年間[58]，唐太宗聽說武氏有才貌，便將她納入宮中。武氏入宮前，寡居的母親楊氏悲啼不止。武氏勸慰道，進宮侍奉聖明君主，豈知非福？為何還要哭哭啼啼，作兒女之態呢？臨行之際，楊氏為女兒親手烹製玉尖麵。相傳，此後每逢武則天誕辰之日，她必定要食用玉尖麵。武氏主政時期，大興告密之風，重用大批酷吏。李唐宗室幾乎被殺戮殆盡，其幼弱倖存者亦流亡南國。據說，逃亡南方的大唐宗室後裔依舊保留食用玉尖麵的舊俗。他們對武氏深惡痛詆，誓要食其肉，啃其骨。於是，牛肉削薄後扎針，過滾水，蓋於麵上後再食之。如今已時過境遷，雖有此一說，未必可信。

二、炊金饌玉待鳴鐘

（一）用全羊當炊具的菜

烤為唐人慣用的烹飪手段，他們經常烤餅、烤羊、烤鵝、烤雞、烤蝦、烤牲畜舌頭、烤鵪鶉等。這些都是小菜一碟，燒烤中極為奢侈的大概要數渾羊歿忽。

大唐京城裡的軍爺們愛食童子鵝，每隻價值二三千錢。每次設宴，都按人數去拿鵝，燖去毛，取出五臟，往裡面填上肉與糯米飯，再經五味調和。之後，抓來一隻羊，亦將其剝皮、去臟腑，隨後將妥善處理的童子鵝放入羊腹中，縫合好置於火上炙烤。羊肉若熟，從羊腹中取出童子鵝，捧在手中就可開懷大啖了。[59]至於那一整隻羊，便一把被擲出軍帳外了，此饌名渾羊歿忽。[60]羊在其中扮演的角色充其量只是一個烤爐以及一味佐料而已，實屬暴殄天物，想必也只有唐人方有如此豪舉。

（二）唐人如何烹調駱駝？

1. 駝蹄羹

唐詩千古名句「朱門酒肉臭，路有凍死骨」之前，有一句「勸客駝蹄羹，霜橙壓香橘」，都出自杜甫的長篇詩作《自京赴奉先縣詠懷五百字》。在帝國黯淡下來的布景上，玄宗與貴妃肆無忌憚的歡歌笑語讓感時憂懷的詩人心痛不已。

詩中談及的駝蹄羹，是一道以駱駝足掌為原料烹煮的羹臛類美饌。駱駝不是中原的傳統物種，大多生活在塞外的草原荒漠地帶。為避免遠程傳驛而導致腐敗，駝掌須經紅麴浸泡處理。駝掌為結締組織，其炮烹方式為文火煨爛，切片後加五味烹煮成羹臛，或者也可用來製成駝蹄餤餅。相傳，三國時期曹植創製駝蹄羹，號七寶羹。「一甌費千金」[61]的駝蹄羹為歷代簪纓世族、豪門府邸等社會上層款待貴賓時的餚饌。所以，此羹就被杜甫用來表現長安豪家窮奢極欲的生活作風。唐代以後，駝蹄羹經文人騷客的吟詠而聲名鵲起。

今天的西安也有駝蹄羹，由西安市烹飪研究所與曲江春飯店的大廚們聯袂研究仿製。駝蹄羹主料為駝蹄，佐以香菇等清新爽口的蔬菜，調料突出薑、蔥和胡椒等。駝蹄羹湯汁濃稠，入口清香，美妙絕倫。不少陝西人視此饌為宴飲第一菜。

2. 駝峰炙

大唐長安城有一道堪與駝蹄羹媲美的佳餚——駝峰炙，至元代，這兩道名菜已置身於「八珍」之列。唐代段成式的《酉陽雜俎》記載，將軍曲良翰擅長於炮烹駝峰炙。[62]炙為唐代人常用的烹調手法之一，尤其是葷腥類食物。駝峰炙與蕭家餛飩、庾家粽子以及韓約能家的櫻桃饆饠齊名並價，踏入彼時長安的衣冠名食行列。

（三）唐人修仙必備菜

生活在唐代後期的李德裕[63]，曾被唐宣宗一貶再貶，從宰相至司馬，再到參軍，從京都到潮州，再到崖州。在唐代，李德裕是繼楊炎、韋執誼之後被貶崖州的第三位宰相。據說，李德裕還在崖州祭拜過韋執誼的墳墓。歷經宦海沉浮的李德裕早已對現實心灰意冷，只有將餘生寄託在縹緲虛無的成仙之路上，所以他研製出李公羹這道菜。李公羹用珍玉、寶珠、雄黃、硃砂、海貝煎製而得，每杯羹竟然需要耗費三萬錢。在古人眼中珍玉、寶珠等物永生不腐，而雄黃、硃砂則為眾人熟知的煉丹原料，有著避邪、防腐的功效。於是，他們將此類物質與攝生之效附會起來，認為服食這些東西可吸收其不朽，從而使血肉之軀永存。毫無疑問，李公羹是李德裕眼中的一道修仙必備菜。

（四）一道名副其實的山珍海味

李公羹之外，唐代還有冷蟾兒羹、不乃羹、雙葷羹以及十遠羹等，舉不勝舉，此處僅以十遠羹為例。《格致鏡原》引《清異錄》十遠羹，其法為：選用石耳、石髮[64]、石線、海紫菜、鹿角脂菜、天花蕈、沙魚、海鰾白[65]、石決明，以及蝦魁脂等十品山珍與海味為主要食材，先將石決明、蝦魁脂和天花蕈浸漬，泡發後自然水澄清，與雞、羊以及鶉鶉三者所燉煮的湯汁調和，鹽酒適量，多汁為上。若是十品不足，聽闕，切忌混入別物，以免不倫不類，風韻盡去。[66]

石決明即鮑魚的別名，唐人視其為美饌。鮑魚的口感近似海螺，本身並沒有什麼特別的味道，做成羹湯卻鮮美無比。江浙一帶的酒席上，蒜茸粉絲蒸鮑魚最為常見，此饌與海水大龍蝦一樣，成為婚宴上必不可缺的一道菜品。十遠羹中的天花蕈也曾在韋巨源的燒尾宴上現身。至於雞、羊、鵪鶉等葷物的湯汁，充其量只是此羹的幾味佐料而已。十遠羹是一道齊聚了各色山珍海味的珍貴美饌，相較而言，《紅樓夢》所言及的賈府之上等珍饈——茄鮝[67]，還是頗顯寒磣了。

（五）虢國夫人家的甜點

虢國夫人府上有一位名為鄧連的廚吏，透花餈是其甜點名作。透花餈精選「炊之甑香」的吳興米與「食之齒醉」的白馬豆為食材。先將爛熟豆泥中的豆皮過濾，再添加調樣製成精製的豆沙，美名為靈沙臛。再將吳興米炊熟，搗成餈糕，以做成花形的靈沙臛為餡料，謂之透花餈。[68]透花餈整體呈現半通透狀，靈沙臛精巧的花形在其間若隱若現，相當別緻。咀嚼之際，糯米的軟糯清香與豆沙的細膩軟滑在齒間綿纏交融，頓時俘獲食客們的味蕾。

唐代的高官侯門大多是苛刻的食客，他們的庖廚、膳堂、管事、食譜等都完美到無懈可擊。譬如，開元年間[69]襲封郇國公的韋陟，生活奢靡，尤精饌事，府裡廚子所烹的佳餚為人所稱道，時人以「郇國廚」稱之。又如，唐中宗時期「遷尚書左僕射」的韋巨源，舉辦盛大的燒尾宴以謝皇恩，足以證明韋相公官邸中的大廚不可小覷。

再如，唐代後期以豪侈著稱的丞相段文昌，其宅第內設有頗為考究的庖廚，題額為「煉珍堂」；外出治公所住的館驛內供食的廚房則名曰「行珍館」。兩者都由一位廚藝造詣極高的老婢主持掌控。該老婢即大名鼎鼎的膳祖，她被後世譽為中國古代「十大名廚」之一。膳祖親授女僕，四十年裡閱百婢，在其眼中僅有九人可繼承衣缽。此外，段文昌還自編《食經》五十卷，因其封過鄒平郡公，故又稱《鄒平公食憲章》。[70]段文昌之子段成式[71]撰寫《酉陽雜俎》一書，其中的《酒食》篇大概有不少是源自段府中膳祖的飲饌佳作。不過，段成式並非飽食終日之徒。他痴迷於佛經，有棄世厭俗之心，又深工詩文，與李商隱、溫庭筠齊名，可謂一代名雋。

值得一提的是，唐人精於飲饌的社會風習造就了餐飲業的蓬勃崛起，長安東西兩市以及坊中和近郊的酒肆或食鋪星羅棋布。唐德宗時期，東西兩市已有禮席，「三五百人之饌，常可立辦也」。[72]

三、綺閣宴公侯

據傳，唐代宮廷有一種「自來酒」，當時的美酒與今天的自來水一般，可通過特製的管道源源不斷地暢流至筵席上，恰到好處地湧入賓客的酒樽內，故美名其曰為自來酒。「不分華夷，兼愛如一」的天可汗唐太宗曾兩次以匠心獨運的自來酒款待北方民族。帝王在宮牆內的自來酒，引發皇親貴胄們的追捧。

大概楊貴妃之姊虢國夫人如法炮製了唐太宗的自來酒會，她命人將鹿腸高懸於房樑，而後往樑上引美酒至鹿腸內，酒水自此流入酒杯之中。虢國夫人還為這個自動灌酒的設備特賜一個雅號——洞天聖酒將軍，又稱洞天瓶。[73]

顯然，社會中的宴飲不可避免地會發生相互影響。宮廷飲饌大致通過廊下餐，帝王賜宴、賜物，以及御廚流落民間等多種途徑傳出宮外，人們以爭相仿效宮廷宴集為時尚。

（一）哪位天子最愛請客？

天子們時常宴饗群臣，君臣同樂，以期「勸勳勞」、「待賢彥」，達到維護共同統治的目的。有研究者根據兩《唐書》的《本紀》部分，列出了皇帝的「賜宴情況表」[74]。其中大酺次數武則天最多，這與女皇的政治生涯休慼相關。一則能窺視朝中官員的不臣之心，二則能籠絡人心。唐玄宗的御賜中，大酺頻率僅次於祖母武則天，必定與當時的國家財富及其寵幸臣下的政治作風密切關聯。唐代後期帝王賜宴機率較低，相對來說，文宗宴請官員頻度較高，可能與唐末的政治局勢有關。甘露之變，文宗誅滅宦官勢力以失敗告終，大唐社稷將傾，文宗迴天無力，就只有縱情於宴集酣飲以灰身泯智。有人說，盛唐轉入中晚唐，一切都往下墜跌：唯有宴飲，不減盛唐時的歡快與熱烈，想來不無道理。

（二）寵臣會得啥賞賜？

帝王對寵臣的恩賜也是宮牆內外食物交流的一種途徑。臣下每荷聖恩，必定奉上《狀》以叩謝天恩。

李林甫撰寫的諸多謝恩《狀》中言及玄宗所賜諸物，如粳米、麵、鹿肉、參花蜜、鯸魚、鮧魚、魴魚、鮭魚、車鰲、蛤蜊、生蟹，以及白魚等。[75]此外，還有金盞、金匙、平脫等器物。

玄宗賞賜李林甫的這些食品，既有日常主食米與麵，而更多的是「或承海味，或降珍鮮」。[77]《狀》中還提到宮內的炮烹諸事，以海味珍鮮為例，這些食材無需依賴花椒、桂皮等香辛佐料來提味，而是單靠鹽梅調味，大多取食物的本鮮。[78]鹽、梅二物，一鹹一酸，是中國古代基本的調味品。梅子在日本人的膳食結構中也曾扮演著舉足輕重的

《演樂圖》[76]。唐代周昉繪，國立故宮博物院藏品。

角色，舊時，日本貧民經常在米飯表面放一顆梅子，就著它把整碗米飯吃完。鹽梅能調和百味，後來逐步引申為輔佐天子的良將賢臣，這也是唐詩中的一個重要文化意象。

唐人食用葷腥時還有另一類新奇的果味調料，稱作橙膏或橙齏。[79]唐詩中有「橙膏醬渫調堪嘗」[80]，「青魚雪落鱠橙齏」[81]，以及「靈味薦魴鱗，金花屑橙齏」[82]等句，可見橙膏、橙齏大約專為食葷腥而設。在唐人看來，橙子與時鮮的結合實乃珠聯璧合。

玄宗對安祿山恩寵莫比，賞賜無數，其御賜中，與宴飲相關的品目有：桑落酒、闊尾羊窟利、馬酪、音聲人兩部、野豬酢、鯽魚並鱠手刀子、清酒、餘甘煎、遼澤野雞、蒸梨、金平脫犀頭匙箸、金銀平脫隔餛飩盤、金花獅子瓶、平脫著足疊子、金大腦盤、銀平脫破觚、八斗金鍍銀酒甕銀瓶、銀笊籬、銀平脫食檯盤，以及油畫食藏等。此外，貴妃也賜予安祿山金平脫裝具玉盒、金平脫鐵面碗。[83]

玄宗賜予安祿山鯽魚的同時，連精於切鱠的大廚與刀子都一併相贈，簡直像一位寵溺晚輩的長者。鱠是將魚細剁細切後所涼拌的餚饌，即現代人最熟悉不過的生魚片。

唐初，太子李建成遊溫泉宮時，有人敬獻生魚，太子便召來饔者切鱠。彼時，唐儉與趙元楷等都在座，皆自詡擅長「飛刀鱠鯉」。[84]唐人把切鱠的技藝發揮到爐火純青的境界，與其說他們在切鱠，倒不如說這是一種才藝展示。人們捕獲活蹦亂跳的鮮魚之後，洗淨並吸乾水分。廚子以快刀將魚肉切成雪花薄片，把魚骨丟棄，再配以細切的蔥花，鮮美絕倫，食之不忘。這就是杜甫詩中所盛讚的「無聲細下飛碎雪，有骨已剁嘴春蔥」[85]。

中國人食用魚鱠的歷史至少可追溯至三國時期。三國時的廣陵太守陳登得病，症狀為胸中煩懣，面赤不食。經華佗診斷後，說他「胃中有蟲數升，欲成內疽」[86]，是生食腥物所致。華佗為他備好湯藥，「食頃，吐出三升許蟲，赤頭皆動，半身是生魚膾也」。[87]華佗斷言，此病三年後必定復發，若遇良醫方可得救，否則必死無疑。果然不出所料，陳登發病時華佗恰巧不在，如言而死。

天子御賜諸物中還有各種金銀器，它們是唐代貴族最愛的日用器物。平脫是唐人打造金銀器頗為常見的一種工藝。將金銀紋飾用膠漆平黏於素胎之上，空白處填漆，再加以細磨，使黏上的花紋與漆面平齊，即為平脫。唐代的平脫器頗為精緻考究，且有存世，後人方有幸一睹其風姿。遺憾的是，五代以後，此法漸趨衰落。

四、洋味十足的唐朝

隨著時光流逝，最初躋身宮廷的皇家御菜逐漸流出宮外，輾轉無窮、望風披靡，或漂洋渡海，或穿越茫茫大漠，帶著各自的使命，為天下人送去大唐的食味。

南唐時期，一位失其姓名的御廚流落金陵，是「唐長安舊人」[88]。他跟隨中使至江表未還，遂留下效力於宮廷，「御膳、宴設賴之」[89]。其美饌名作有鷺鷥餅、天喜餅、駝蹄餤、春分餤、密雲餅、鐺糟炙、瓏璁餤、紅頭籤、五色餛飩和子毋饅頭等，舊法具存。此後，江南王朝之宮廷宴飲「略有中朝承平遺風」[90]。這位御廚的佳作以麵食為主，十有八九為唐宮中的麵點師。

宮牆內外的世界是相互「浸染」的，宮外的菜式包括異域的宴飲形式對皇宮的影響也極深，胡地尤甚。

胡風勁吹之下，唐人不僅在宴飲習俗上受其影響，其風潮亦波及至日常生活的各個層面，胡妝、胡服、胡靴、胡床、胡舞、胡樂、胡琴、胡語、胡駒……不勝枚舉。在古代，凡來自外國的貨品，都冠以一個「胡」字或「番」字，以示區別於中原物產。譬如，直到今天，國人嘴邊時常掛著的胡椒、胡蔥、胡瓜、胡豆、胡桃、胡蘿蔔、番茄、番薯等物，都是古人眼中的洋貨。在大唐人的飲食文化中，「胡風」顯著是其重要特徵，它們的融入使唐人食案上的食物更為琳琅滿目。

美國漢學家謝弗（Edward Hetzel Schafer）在《唐代的外來文明》（*The Golden Peaches of Samarkand,A Study of Tang Exotics*）中論及，雖然說八世紀才是胡服、胡食、胡樂特別流行的時期，但實際上整個唐代都沒有從崇尚外來物品的社會風氣中解脫出來。[91]有學者認為，唐代時期的中國文化已經發展到昌盛成熟階段，任何外來文明的傳入並不會消融本國的文化，反而為之注入新鮮的血液，因為它具有充分的消化吸收能力。

註釋

1 〔宋〕李昉：《太平廣記》卷二百六十七《酷暴》一。

2 〔清〕黃叔琳：《史通訓故補》卷二十，清乾隆養素堂刻本。

3 武則天為招納男寵所設，因其穢亂深宮，後被撤銷。張易之為長官，其中任職的官員大多是女皇的男寵及輕薄文人。

4 中國古代中央政府設置的專掌國家藏書與編校工作的機構和官名。

5 〔唐〕劉肅：《大唐新語》卷九。

6 西元七八五—八〇五年。

7 〔唐〕段成式撰，許逸民校箋：《酉陽雜俎校箋（二）》卷七《酒食》，頁五八一。

8 垂於馬腹兩側，用於遮擋塵土的物件。

9 盝，古同「簏」，胡簏，亦作「胡鹿」或「胡簶」。

10 司膳司負責割烹、煎和之事，下設典膳與掌膳。

11 司醞司負責酒醞、酏飲之事，下設典醞與掌醞。

12 司藥司負責醫方、藥物之事，下設典藥與掌藥。

13 司饎司負責廩餼、薪炭之事，下設典饎與掌饎。

14 《周禮．天官．食醫》：「食醫，掌和王之六食、六飲、六膳、百羞、百醬、八珍之齊。」

15 〔元〕脫脫：《宋史》卷一百六十四《職官志》第一百一十七，清乾隆武英殿刻本。

16 太官署主管備貨，掌御宴、朝會膳食，太官署除令、丞、府和史等主管官員之外，另有供膳二四〇〇人，掌勺十五人。

17 珍饈署負責烹調。

18 良醞署管理釀造事宜。

19 掌醢署的職能則為供應輔食與調料。

20 執掌皇家苑囿和園池事宜，另須掌管宮廷每年的藏冰工作。

21 供給國家機關柴炭，以及責令各管戶奴婢善待、飼養園內的家禽牲畜。
22 挑選御用米麥等。
23 西元八六八年。
24 〔唐〕蘇鶚：《杜陽雜編》卷下。
25 〔唐〕蘇鶚：《杜陽雜編》卷下。
26 大概是一種收納盒。
27 羅竹風主編：《漢語大詞典縮印本（下卷）》，頁七七七六。
28 蠶絲結成的片或團。
29 〔唐〕蘇鶚：《杜陽雜編》卷下。
30 〔唐〕蘇鶚：《杜陽雜編》卷下。
31 《步輦圖》所繪的是吐蕃使者朝見唐太宗時的場景。此畫中太宗所坐的步輦與蘇鶚在《杜陽雜編》中所描述的同昌公主的步輦相距甚遠。有學者認為，太宗所坐的並非步輦，而是一種名為腰輿的古代交通工具。詳見黃正建：《走進日常——唐代社會生活考論》，頁二〇二。
32 〔唐〕蘇鶚：《杜陽雜編》卷下。
33 〔唐〕蘇鶚：《杜陽雜編》卷下。
34 古代傳說中有角的小龍。
35 〔唐〕蘇鶚：《杜陽雜編》卷下。
36 羅竹風主編：《漢語大詞典縮印本（下卷）》，頁七七六三。唐時的一尺，大尺寸相當於今天的三十六公分，小尺則為三十公分。
37 〔宋〕歐陽修：《新唐書》卷七十七《列傳》第二。
38 〔唐〕蘇鶚：《杜陽雜編》卷下。

39 蓴菜，又名馬粟、水葵、馬蹄草等，以嫩莖和嫩葉供食用，為江南「三大名菜」之一。中醫認為本品有清熱解毒、利水消腫之效。

40 蕨菜也叫拳頭菜。別稱蕨菜、如意菜、狼萁，是一種野生蕨類植物蕨的嫩芽，在中國大陸以及東南亞有廣泛分布，部分種類可食用。

41 亦稱灰菜，屬藜科，南北均有，其幼葉可食。

42 指豆葉。

43 一年生或二年生草本植物，結莢果，中有種子五六粒，可食用，嫩莖和葉可作蔬菜。

44 薺菜的藥用價值很高，性味甘平，具有和脾、利水、止血、明目等功效。

45 一年生草本植物，葉披針形，花小，白色或淺紅色，果實卵形、扁平，生長在水邊或水中。莖葉味辛辣，可用以調味。全草入藥。亦稱水蓼。

46 〔唐〕趙璘：《因話錄》卷一，清文淵閣四庫全書本。

47 〔唐〕白居易：《二年三月五日齋畢開素當食偶吟贈妻弘農郡君》，《全唐詩》卷四百五十九。

48 〔唐〕白居易：《晚起》，《全唐詩》卷四百五十一。

49 古作「炰」，把帶毛的肉用泥包好放在火上燒烤。

50 〔唐〕劉恂：《嶺表錄異》捲上，清武英殿聚珍版叢書本。

51 西突厥別部突騎施的首領，哥舒部人。

52 聞銳：〈「熱洛河」究竟為何意？〉，《史學月刊》一九九〇年第六期。

53 〔宋〕李昉：《太平御覽》第八百六十一《飲食部》十九。

54 〔宋〕李昉：《太平御覽》第八百六十一《飲食部》十九。

55 翰林，即文翰之林，唐代開始設立的各種藝能之士供職的機構。

56 〔宋〕陶穀：《清異錄》卷四。

57 〔宋〕陶穀：《清異錄》卷四。
58 西元六二七—六四九年。
59 用開水燙後去毛。
60 〔宋〕李昉：《太平廣記》卷二百三十四《食》。
61 〔宋〕黃鶴：《補註杜詩》卷二，影印文淵閣四庫全書，臺灣商務印書館，西元一九八三—一九八六年，冊一〇六九，頁六六一。
62 〔唐〕段成式撰，許逸民校箋：《酉陽雜俎校箋（二）》卷七《酒食》，頁六〇七。
63 李德裕（西元七八七—八五〇年），字文饒，趙郡贊皇（今河北贊皇）人，唐代政治家、文學家，牛李黨爭中李黨領袖，中書侍郎李吉甫次子。李德裕死於崖州，後人對他評價甚高。李商隱將其譽為「萬古良相」，近代梁啟超甚至將他與管仲、商鞅、諸葛亮、王安石、張居正並列，稱他是中國六大政治家之一。
64 生於水邊石上的苔藻。
65 海洋魚類的氣囊。
66 〔清〕陳元龍：《格致鏡原》卷二十四。
67 〔清〕曹雪芹：《紅樓夢》第四十一回《賈寶玉品茶櫳翠庵，劉老老醉臥怡紅院》：「鳳姐兒笑道：『這也不難。你把才下來的茄子，把皮刨了，只要淨肉，切成碎釘子，用雞油炸了，再用雞肉脯子合香菌、新筍、蘑菇、五香豆腐乾子、各色乾果子都切成釘兒，拿雞湯煨乾了，拿香油一收，外加糟油一拌，盛在磁罐子墓封嚴了，要吃的時候兒拿出來，用炒的雞爪子一拌就是了。』」
68 〔唐〕馮贄：《雲仙雜記》卷二。
69 西元七一三—七四一年。
70 〔宋〕陶穀：《清異錄》卷四。
71 段成式（八〇三—八六三），字柯古。晚唐人，祖籍鄒平。唐代著名志怪小說家。

72 〔唐〕李肇：《唐國史補》卷中。

73 〔唐〕馮贄：《雲仙雜記》卷六《酒中玄》。

74 黃正建：《走進日常——唐代社會生活考論》，頁一〇六。

75 〔清〕董誥等：《全唐文》卷三百三十三《為李林甫謝賜車螯蛤蜊等狀》。

76 此圖表現唐代貴族的雅緻生活，彼時的坐具與坐姿發生巨大的變化，高桌大椅普及，垂腿坐成為一種合乎社會禮儀的新坐姿。

77 〔清〕董誥等：《全唐文》卷三百三十三《為李林甫謝賜車螯蛤蜊等狀》。

78 〔清〕董誥等：《全唐文》卷三百三十三《為李林甫謝臘日賜藥等狀》。

79 大致是橙泥，或橙泥加搗碎的薑、蒜等其他調料。

80 〔唐〕唐彥謙：《蟹》，《全唐詩》卷六百七十二。

81 〔唐〕王昌齡：《送程六》，《全唐詩》卷一百四十三。

82 〔唐〕孟郊：《與王二十一員外涯遊枋口柳溪》，《全唐詩》卷三百七十六。

83 〔明〕焦周：《焦氏說楛》卷四，明萬曆刻本。

84 〔唐〕劉肅：《大唐新語》卷十一。

85 〔唐〕杜甫：《閿鄉姜七少府設膾，戲贈長歌》，《全唐詩錄》卷二十七。

86 〔晉〕陳壽：《三國志》卷二十九《魏書》二十九，百衲本景宋紹熙刊本。

87 〔晉〕陳壽：《三國志》卷二十九《魏書》二十九。

88 〔宋〕陸游：《南唐書》之《列傳》卷第十四，四部叢刊續編景明鈔本。

89 〔宋〕陸游：《南唐書》之《列傳》卷第十四。

90 〔宋〕陸游：《南唐書》之《列傳》卷第十四。

91 〔美〕謝弗著，吳玉貴譯：《唐代的外來文明》，陝西師範大學出版社，二〇〇五年十二月。

第六章　京都餅餌逐時新

大唐是一個「世重餅啖」的朝代。唐代的餅與今天意義上的餅大相徑庭，當時的餅，其概念幾乎等同於麵食。大唐也是一個西餐風靡的時代。西餐，當然也涵蓋了現代人眼中的歐洲美食，而更多時候，唐人眼中的西餐往往指西域和北方民族的飲饌——胡食。以麵食而論，胡餅和饆饠便是胡食中的翹楚。

一、大唐最親民的「洋餐」

大唐本國境內當然也有餅，人們把西域傳入的餅命名為胡餅以示區別。在眾多主食中，胡餅可稱得上唐朝北方百姓食用最多的麵點。日本僧人圓仁在《入唐求法巡禮行記》提到，會昌元年[1]，僧侶們收到胡餅、寺粥等賞賜。彼時，胡餅在社會上甚是風行。在安史之亂中，胡餅一度成為唐玄宗的救命餅。玄宗離宮逃亡，早上沒來得及用膳，至中午時分已經飢火燒腸了，楊國忠便購得數枚胡餅獻給唐玄宗充飢。

所謂的「胡餅」究系何物？不少人覺得胡餅的概念等同於現在的芝麻燒餅，其實不然。胡餅的種類很多，至少有大胡餅、小胡餅和油胡餅之分。一般來說，烤製胡餅無需用油，大致相當於新疆烤饢中的素饢。新疆吐魯番阿斯塔納唐代墓葬中出土的類似於素饢的食物，推測就是唐代胡餅的原型。油胡餅則可理解為油饢。[2]

文風淺顯質樸的白居易作有《寄胡餅與楊萬州》一詩。詩中有「胡麻餅樣學京都，麵脆油香新出爐」[3]之句，胡麻即芝麻，白樂天所言的胡麻餅也許是胡餅在長安本土化後的其中一個變種——芝麻油胡餅。

唐代有一種帶羊肉餡的胡餅名喚「古樓子」，為豪家所食，「起羊肉一斤，層布於巨胡餅，隔中以椒、豉，潤以酥，入爐迫之，肉半熟而食之，呼為『古樓子』」[4]。一份標準規格的古樓子至少要耗費一斤羊肉，當時的一斤，相當於現在的六六一克，[5]大唐人的豪氣在飲食方面處處得以彰顯。與今天不同的是，唐代羊肉的食用極其普遍。羊肉之外，各種祛除腥羶之氣的調料亦不可或缺，抹上酥油[6]使肉質愈加豐盈香嫩，烤至半熟即可享用。今日一般民眾追捧的西洋餐中，牛排往往烹飪至半生不熟，而咱們的先民們至少在千餘年前早已熟稔於此。

大唐人自己的餅就稱為餅，除麵糊以外，各類式樣不一的麵食，都可稱其為餅。唐肅宗李亨

唐肅宗

還是太子的時候，為了向人表現自己儉樸的生活作風，他曾用餅把切割羊臂臑[7]時沾滿油汙的雙手擦拭乾淨後，再「徐舉餅啖之」[8]，一口不剩地將餅吃完。玄宗對此深感意外，不禁喜上眉梢，欣慰地說道：「福當如是愛惜。」[9]李亨藉此進一步俘獲了父皇的心。

大唐境內的胡餅肆星羅雲布，許多長安人喜歡以胡餅為早餐，百姓們習慣晨起後去店門口等候開門，西北地區的百姓則通常在午餐時分食用兩枚胡餅。據傳，唐代的張桂因出售胡餅而聲名鵲起，後竟「炊而優則仕」。

而更多時候，中小胡餅商人在經受生離之苦的同時，時常還要忍受強勢權貴的擺布。「東平尉李　初得官，自東京之任，夜投故城。店中有故人賣胡餅為業，其妻姓鄭，有美色，李目而悅之，因宿其舍。留連數日，乃以十五千轉索胡婦。」[10]東平尉李　發跡以後恃強凌弱，曾以十五千錢的微小代價抱得美人歸。

二、唐代的饆饠，何處覓芳蹤？

「饆饠」一詞源自波斯語，「畢羅者，蕃中畢氏、羅氏好食此味。今字從食，非也」[11]。可見，饆饠原作「畢羅」。

此處有兩則關於饆饠的故事：

唐憲宗元和初年[12]，長安東市有一位惡少李和子，屢屢捕殺街坊鄰居的貓兒和狗兒食用，因而成為坊市間的一大禍害。眾貓犬在閻王那裡告了一狀，於是閻王派遣兩個鬼卒來索其命。李和子得知此事後怛然失色，一見鬼卒們便撲通一聲跪地求饒道：「小的既然將死，請二位暫留片刻，小的有薄酒相待。」一番推脫之後，他們前往一家饆饠肆，鬼卒們卻掩鼻不肯進門，於是改到旗亭的杜家酒肆。李和子在酒肆中，又是作揖相讓，又是獨自言語，旁人視之為痴癲。他向夥計索要了九碗佳釀，自飲三碗，六碗虛設於西座，並哀求鬼卒們免其死罪。二鬼面面相覷道：「我等既然受君一醉之恩，應當為君出謀劃策。」隨後起身告辭，臨行之際交代道：「君辦錢四十萬，為君延長三年陽壽。」李和子應允，翌日如期備好紙錢焚燒，並酹酒祭奠，只見二鬼挈錢而去。三日後，和子卒。原來，鬼說的三年就是人間的三日。

大唐國子監有一明經[13]，他是一位重度夢遊症患者。一天，這位明經青天白日在睡大覺，夢見自己走到國子監門口。此時，有一位黃衣人來問其姓名。他告訴來人後，那人笑著說，你明年春天會及第。明經大喜，邀上鄰房的五六位好友，前去長興里的一爿饆饠店小酌。霎時，一陣犬吠聲驚擾了他的美夢。他覺得十分詫異，即刻與鄰房數人訴說其夢境，此時忽聞饆饠店夥計的聲音，於是明經問其來意，夥計回答道：「郎君與諸位客人食用了二斤饆饠，為何不結賬一走了之呢？」明經聞言大駭，並隨之前往饆饠店驗證其夢，「相其榻器，皆如夢中」，便問店主：「我的客人們吃了多少？」他回答說：「他們一口也沒吃，大概是嫌饆饠裡放了太多蒜。」

這兩則故事被收錄在段成式的《酉陽雜俎．續集》之《支諾皋》中。生活在唐代的段成式，必定對饆饠瞭如指掌。由這兩則故事可知，饆饠是一種按斤出售且較為高檔的消費品，往往被人們用以待客，通常蒜味濃重。

饆饠可隨個人喜好包裹各色各樣的餡料，食用櫻桃、蟹黃和天花蕈[14]等餡兒的是大唐社會中上層吹送的時風。

諸多饆饠店中，以韓約能家的招牌最為響亮。該店的櫻桃饆饠名聲大振，其特色在於饆饠做好以後，櫻桃的色澤鮮嫩如初。[15]蟹黃饆饠主要以肥壯的母蟹為食材，赤色母蟹殼中的蟹膏如蛋黃那般黃澄澄的，母蟹的肉質嫩白似豬油，再淋一層調料於表面，用細麵皮一裹，就是一道「珍美可尚」的蟹黃饆饠了。[16]燒尾宴上有一種以「九煉香」作餡的天花饆饠，九煉香究系何物尚未明確，可能由麝入多種香料的天花蕈精製而成。毋庸置疑的是，能夠在燒尾宴上出現的美饌，自有其獨勝之處。

餺饠還是大唐軍中的主食，與胡餅一樣自西域而來。兩者相較，餺饠的層次較高，而胡餅的食客更廣。

餺饠的廬山真面目究竟是怎樣的呢？

餺饠為唐代的新興食物，是食學界至今還存在爭議的一種古老而神祕的食品。關於餺饠，有抓飯、麵條、麵點三種主流觀點。學者陸睿認為，餺饠絕非抓飯，發展到後世成為一種餑餑類的麵食，可能為有餡、無餡，甚至可以指包子或饅頭，這些稱呼因時因地而異。[17]另外，國內隋唐史專家黃正建指出它是一種餺饠餅，即帶餡的麵點。[18]

唐人增編的字典《玉篇》以及宋人續修的韻書《廣韻》都收錄有「餺饠」條目，分別提到餺饠屬於餅或餌。在古代，餅與餌同義，都指麵點，因而餺饠當屬麵點無疑。此外，唐代僧人慧琳言及，「鋏餅，餺饠之類」[19]。《武林舊事．蒸作從食》又透露出鋏餅的種類多樣、名目不一。[20]

顯然，餺饠不是抓飯或麵條，而應當與鋏餅是同一類食物，即一種夾餡的麵點。

新疆阿斯塔納墓葬中，有不少唐代麵點的出土。一些觀點認為，圖中圓筒狀的食物為餺饠。而筆者以為，這款麵食的形制倒更像唐代的餅餤[21]。不過，無論是餺饠還是餅餤，都屬於鋏餅的範疇。

在今天浙江的台州，有一種被本地人稱為「歁餅」[22]的夾餡麵點，有稱其為食餅筒。在當地方言裡，「食」字音較長，而「歁」字音甚短促，顯然不應該作「食」字，那所謂的「歁餅」究系何物呢？

今天南方的方言裡保留了許多古音，可是經過千餘年的歲月，有些詞彙的發音產生了訛誤的現象。比如，地處南方的台州與寧波等地，將膝蓋稱作「膝踝頭」，現在的發音聽起來極像「腳塊頭」。餗餅，即餄餅。「餗」與「餄」二字都念「夾」，與台州人口中的「歁餅」發音頗有幾分相似。因而，台州人所謂的「歁餅」，也許正是餗餅歷經千餘年後的訛音，或可將它視為餗餅在後世的一個變種。

所以，本章有必要多費點筆墨對其加以細緻描繪，可暫且稱之為台州「歁餅」。

依據麵皮選材與製法的不同，台州人分別稱其為「歁餅」、麥餅，以及麥油煎，三者皆以小麥粉為主要原料，當地人或將之統稱為「歁餅」。它們不過只是麵皮的選料以及烹製手法上的微小差異，餡料並無二致，卻兼得其妙。

在台州，「歁餅」與麥油煎都為純麥粉所製。麥油煎也叫麥油脂，其麵皮用油煎製而成。唐代的《一切經音義》有「餗餅，饆饠之類，著脳油煮」[23]的相關描述，顯然，餗餅或饆饠的烹調也離不開油脂。相較「歁餅」與麥餅而言，麥油煎更顯厚實，而「歁餅」與麥餅的麵皮幾乎無油且甚薄。尤其是「歁餅」，其麵皮的做法近似於山東的雜糧煎餅，卻薄如蟬翼，所以包裹餡料的時候通常需用兩張。

從製作手法來看，麥餅最為複雜，其選材也最有地方特色，故此處僅以麥餅而論。

台州麥餅。作者自攝。

台州麥餅。二〇一七年五月作者自攝於溫嶺。

緊鄰台州地區的溫州也有一種遠近聞名的麥餅，因來自溫州下屬的永嘉縣而稱永嘉麥餅。從烹製方式來看，永嘉麥餅遠遠不及台州麥餅紛繁複雜。從餡料上來看，永嘉麥餅一般僅以梅乾菜肉末或鹹菜肉末為餡，而台州麥餅的「夾頭」[24]卻是五花八門。所以，台州麥餅本質上並不是一般意義上的麥餅。

台州女子的美食名作甚多，麥餅是她們的獨門絕活之一。打算做一次台州麥餅，從冬末春初就要開始籌劃了。麥餅的麵皮中，含有一種較為罕見的食材。由於它緊貼地面生長，盛開時的小花呈嫩黃色，台州人稱之地梅[25]或黃花。以梅命名，也許並不是因為它形似梅花。這種野花的名字尤為接近當地方言裡的「每」，「每」是人們對一切圓形小物件的通稱。比如小孩哭鬧的時候，大人們常常會如此哄逗：「『每每』八爾……」[26]

其實，台州人口中的地梅就是細葉鼠麴草，也稱天青地白草、磨地蓮或小火草。

每年深冬，地梅在田間埂畔悄然滋長。可作為食材利用的地梅採摘時間甚短，要趁鮮嫩的時候去掐尖兒，最好在淺黃色的花朵尚未轉深之際。有一次去安徽宣城，在誓節鎮中心小學附近的一個小山坡上發現了成片的地梅，我霎時歡呼雀躍，跟友人說今天不去別處遊山玩水了。當時已至四月中旬，那天收穫的滿滿兩大袋地梅，後來卻因太老而棄之不用。

採摘的地梅要先挑揀，撇去雜草枯葉後再用水清洗數遍，隨後倒入沸水汆煮片刻，瀝乾水加入微量食用鹼，加鹼會讓它們軟化稠和，再拿菜刀細細剁碎。之後，將粉零麻碎的地梅糊糊、小麥麵粉、煮爛的紅薯，以及少許糯米粉羼雜在一起，加入開水揉麵。揉麵是個耗費體力的大工程，要趁熱揉透，如此麵餅才會勁道十足。

地梅有清熱利溼，解毒消腫之效，並特具一種山野的氣息。台州麥餅中如果沒有地梅，則不能稱其麥餅，若是地梅不做麥餅，它還可以用來製作其他美饌，比如青團。當地用地梅為食材的麥餅與青團，相當適宜溼氣濃重的春季。紅薯的參與能為麵餅增添幾分清甜，咀嚼起來更為細嫩適口。糯米粉與麥粉的結合，可使餅的質感細滑軟糯，卻又不失麥粉的韌性。

麵揉好以後，用桿麵杖按桿餃子皮的方式，做成一個巨型的餃子皮。麵皮桿得太薄會露餡兒，太厚則不易烙熟，且影響口感，這又是檢驗手藝的一大關頭。桿出的大麵皮呈圓型，通體呈現鮮明的黃綠色，其間又密密匝匝地點綴著翠綠色的地梅星子，分外雅緻。

做好的麵皮需用鏊子[27]烘烤，為使正反兩面受熱均勻，必須靠雙手直接在鏊子上翻轉。這個過程近乎於練「鐵砂掌」，很是考驗主婦們的耐受力，同時也是技藝水準的體現。由於不加油脂煎製，稍不留神就會烘焦，麵餅熟而不焦才最見功夫。再者，成形的麥餅一旦未經即時烘熟，其中的水分就會蒸發，以致麵皮乾硬破損。所以備料、揉麵、做餅以及烘烤務必一鼓作氣，一切要恰到好處。

烘熟的麵皮疊在一起包好保溫，此時製作台州麥餅之路才走完近三分之一，隨之而來的就是緊鑼密鼓地煎炸烘炒煮了。台州人做一次麵餅，少則十餘個菜，多則二十幾個方才罷休。一道接著一道分開炒，美味珍饈、水陸雜陳，而這些時常都是賢惠的台州女子單打獨鬥的結果。甚至從買菜開始，到備料、揉麵、桿麵、做餅、烘製，再到洗菜、烹調……所有環節皆一呵而就。即便她們忙成一團，亦樂在其中。因而，做台州麥餅不單單是一場廚藝挑戰賽，它也是一場體力消耗戰，乃至可視作一次修行。

「歐餅」、麥餅與麥油煎的傳統餡料為台州米麵、胡蘿蔔絲、雞蛋絲、紅燒肉、綠豆芽、洋蔥、嫩豆腐，以及形形色色的河鮮與海鮮……老饕們可各隨所好，只要大肚能容，皆可物盡其用。包的時候兜住其中一頭，雙手將之捲好立起，送至唇邊，便可埋頭大啖了。麥餅的麵皮咀嚼起來細膩柔韌，餡料豐盛考究，各色饌饈大顯身手、盡顯其能，得到愉悅的何止是口腹呢？觀之，通體渾圓；聞之，馨香四溢；嚐之，美妙絕倫。

台州人以「歐餅」為當地售品之一，無論貴賤，都視之為美食。每次的歡聚與分別，皆以「歐餅」為標誌。年終吃「歐餅」，更是天經地義。世世代代的台州人把對生活的智慧與用心傾注到「歇餅」中，這也表現了歷代子孫們對傳統飲食持之以恆的堅守。

無論是台州人烹製「歇餅」，還是山東人烹製雜糧煎餅，其過程都離不開一種炊具——鏊。這種炊具最早可上溯至史前的仰韶文化時期，我們可以由它的誕生追溯煎餅的起源。早在新石器時代，黃河流域的原始居民用陶土燒成了標準的餅鏊。鏊，面圓而平，無沿，下有三足。發掘者認為，這種器物是「做烙餅用的鐵鏊的始祖」。專家根據古人用鏊的歷史推測煎餅的起源，認為這種食物不會晚於距今五千年前。[28]不過，早期製作煎餅的原料，應當是易於磨粉的作物粟或黍，而非小麥。

三、皇帝被劫持之後

在古代，湯餅、餺飥、冷淘、索餅等多種稱謂都可用來指今天的麵條，那前述名詞之間到底有何區別呢？

古代的湯餅是直接以手捏麵下鍋而成的湯食。湯餅在新疆又稱為揪片子，可葷食，也可素食。唐代詩人對湯餅有諸多吟頌，「菊花辟惡酒，湯餅茱萸香」[29]；「雞省露濃湯餅熟，鳳池煙暖詔書成」[30]。詩中透露出湯餅是唐人餐盤裡最平常不過的食物。大唐宮廷中也有食用湯餅的記載，唐玄宗的髮妻王皇后曾經為其親手烹製生日湯餅。[31]韋巨源為中宗籌備的燒尾宴中也有一道湯餅，即生進鴨花湯餅。

宋代陸游的著作提及「巧婦安能作無麵湯餅乎」[32]。無獨有偶，同時代的陳亮，文章中也有「恐巧新婦做不得無麵餺飥」[33]之句。餺飥，古同「餺飥」或「不託」。不託與湯餅同為水煮麵食，形制大同小異，即今天麵條、麵疙瘩一類的吃食，用麵粉或米粉所製。

北魏時，史料中就有關於餺飥的記載，「餺飥，挼如大指許，二寸一斷，著水盆中浸。宜以手向盆旁挼使極薄，皆急火逐沸熟煮。非直，光白可愛，亦自滑美殊常」[34]。據古代農學家賈思勰的記述來看，北魏的餺飥是指麵疙瘩。宋代也有餺飥，《歸田錄》提及「湯餅，唐人謂之不託，今俗謂之餺飥矣」[35]此處，歐陽修認為湯餅就是唐代人說的不託，在宋代俗稱餺飥。

在今天日本的山梨縣，有一種名為ぼうとう的鄉土料理，與中文餺飥的發音雷同。它是一種由扁平狀烏龍麵加蔬菜以及味噌[36]燉煮而成的麵食。日本文化與中國文化的淵源頗深，尤其是中國的大唐文化，其流風遺韻依舊對今天的日本影響極深。

《新五代史》記載，唐昭宗[37]被梁軍圍困時，曾對岐王李茂貞[38]抱怨只有粥與餺飥可吃，「朕與六宮皆一日食粥，一日食不託，安能不與梁和乎？」[39]堂堂大唐天子怎會淪落到一天吃粥，一天吃餺飥的窘迫境地？這還得從唐末的政局開始談起。

彼時的大唐，奸宦當道、群雄爭霸、民不聊生，江山處在一片風雨飄搖之中。宰相崔胤與地方割據勢力朱溫[40]相結，意圖以朱溫之力除掉宦官。天復元年[41]，崔胤令朱溫西進，梁軍抵達同州[42]。宦官韓全誨等人懼怕，與李繼筠劫持唐昭宗逃到長安西邊重鎮鳳翔，卻被梁軍圍城。

在圍城的一年多時間裡，大將李茂貞屢戰屢敗，銳氣大挫，堅持閉營不出。此時鳳翔的形勢甚是嚴峻，一斗米價格高至七千錢，城中的百姓竟至吃人糞、煮屍體、父食子的地步。狗肉每斤五百錢，人肉每斤一百錢，人肉賤於狗肉。「城中薪食俱盡，自冬涉春，雨雪不止，民凍餓死者日以千數。」[43]

唐昭宗在宮中置小磨，命宮人磨豆麥供御。皇親貴冑中，每日凍餒而死的也有三四人。城中之人聚眾相邀，攔住守將李茂貞，請求他想辦法給生路。李茂貞心急火燎，籌謀把天子交給梁軍來換取解圍。於是他將與梁妥協的計畫奏明唐昭宗，和解之計正好遂了昭宗的心意。昭宗曾對李茂貞哭訴道：「我和六宮嬪妃們一天吃粥，一天吃餺飥，怎能不與梁和解呢？」

天復三年[44]正月，李茂貞同梁軍簽訂和約，並誅殺韓全誨等二十多人，將他們的首級送至梁的軍中，歷時一年有餘的鳳翔圍城終於解除。不久，唐昭宗返回長安。此後，宰相崔胤力勸朱溫誅滅宦官，並馬不停蹄地謀劃另建禁軍。可是就在次年，崔胤卻被朱溫所殺害。天祐元年[45]，朱溫又威逼唐昭宗東遷洛陽，不久後弒君。先前，唐僖宗因朱溫鎮壓起義軍有功，賜其名為全忠。岌岌可危的大唐社稷卻直接斷送在這個朱全忠手裡，極具諷刺性和戲劇性。

一般來說，唐代人把粥和餺飥當作早餐食用。官員早朝，公膳房為他們供應各式粥品。來自日本的僧人圓仁在《入唐求法巡禮行記》中記載，他基本上每天早晨都食粥。餺飥則在北方地區百姓的食譜中更為普遍。由《新五代史》可知，餺飥與粥是同一層次的食物。在亂世中，社會上層長期仰賴這些食物是出於救飢的權宜之計。

唐人在夏天食用一種冷麵，名曰「冷淘」，南北方皆有。古人們用槐葉汁和麵粉製成麵條，待煮熟後，再置於冰池或井水中浸涼。享用前，先在冷淘表面撒一層蔬菜，再拌點豆豉汁佐味。

杜甫的《槐葉冷淘》中對一款羼入槐葉汁的冷淘有過細緻的刻畫：

青青高槐葉，採掇付中廚。新面來近市，汁滓宛相俱。
入鼎資過熟，加餐愁欲無。碧鮮俱照箸，香飯兼苞蘆。
經齒冷於雪，勸人投此珠。願隨金騕褭，走置錦屠蘇。
路遠思恐泥，興深終不渝。獻芹則小小，薦藻明區區。
萬里露寒殿，開冰清玉壺。君王納涼晚，此味亦時須。[46]

詩中，杜甫精心描摹了槐葉冷淘的選材、烹飪之法、色澤、口感、宜食季節。杜甫對槐葉冷淘蔥翠欲滴的色彩、韌性滑爽的質感，以及冰涼清新的滋味嘖嘖稱歎。作為唐代「國民詩人」的杜甫，向來都善於揣度民心。他對「槐葉冷淘」的歎賞想來也詠出了廣大唐代百姓的心聲。古人對槐葉冷淘的鍾愛之情也延續至宋代，南宋林洪的《山家清供》中詳細記載了這種涼麵的製作手法。

唐代還有一種被人們稱為索餅的麵食。索餅實際上是以麵的形狀命名，它與餺飥、湯餅或冷淘並無本質區別，只是依據麵的形狀與做法而冠以不同的稱謂而已。水煮麵食易於消化，有充虛解寒之效。因此，唐代人將索餅用作攝生之方。唐時，醫學家昝殷所著的《食醫心鑑》中收錄有羊肉索餅、黃雌雞索餅、榆白皮索餅和丹雞索餅等多種用於食療的索餅。

四、蕭家餛飩的祕方

南海之帝為倏，北海之帝為忽，中央之帝為混沌。倏與忽時相與，遇於混沌之地，混沌待之甚善。倏與忽謀報混沌之德，曰：「人皆有七竅，以視、聽、食、息，此獨無有，嘗試鑿之。」日鑿一竅，七日而混沌死。[47]

在創世神話中說，開天闢地之前有一位混沌大神。他的相貌與常人不同，無眼、耳、口、鼻七竅。混沌於倏神與忽神有恩，後來倏忽二神為報答他的恩德，助其鑿開七竅，而混沌卻因而死亡。之後，世界萬物才開始出現，並且變得多姿多彩。有學者提出，道家的創世神話是後人食用餛飩的文化淵藪。

餛飩，早期或作渾沌、渾屯、混沌。混沌屬於食物，後依據造字規則改換偏旁，遂作餛飩。

唐人段公路稱餛飩為餛飩餅，這也是大唐「世重餅啖」的佐證之一。

唐宋時期，食用餛飩被人們目為豪舉，因而它時常用作待客的食點。在唐代的史料中，縣令、舉子、進士都有食用餛飩的紀錄。大唐首都長安城中開有很多餛飩鋪，以皇城西面頒政坊內的蕭家餛飩最負盛名。皇城西面多為豪貴與胡商的聚居之地，東面則以高級官員的府邸為主，因此有「西富東貴」之說。城西的蕭家餛飩以「漉去湯肥，可以瀹茗」[48]著稱。瀹茗，即煮茶。茶葉與餛飩渾然一體的滋味，唯有在史上獨領風騷的唐人才懂得如何欣賞。既然京城豪貴們的味蕾都會被蕭家的餛飩所征服，其滋味必定不凡。

餛飩還可作為御用菜式進獻給天子食用。唐代最為考究的餛飩要數韋巨源《燒尾宴食單》中的生進二十四氣餛飩，「花形餡料各異，凡二十四種」[49]。生進，即未煮熟狀態下進奉的食物，需要在宮廷內再加工；二十四氣，指餛飩的花形餡料多至二十四種。聽說今天的西安烹飪界據此仿製出二十四種餛飩，將不同餡料的餛飩捏出迥異的形態，每盤二十四只裝盤擺桌。這種仿生進二十四氣餛飩重現昔日大唐御膳的風采，讓人們過了一把「唐穿」癮。

餛飩還是一種重要的節令食物。古代的冬至日，人們以食餛飩為俗。「春前臘後物華催，時伴兒曹把酒杯。蒸餅猶能十字裂，餛飩那得五般來。」[50]冬至日陰氣至盛，在古人心中，這一天吃餛飩有驅鬼鎮邪之用。

維吾爾族人稱餛飩為「曲曲熱」，是維吾爾等民族的傳統食品之一。最晚在唐代，新疆吐魯番地區的先民已經吃上餛飩了，這點可以在考古中得到印證。一九六九年，吐魯番阿斯塔那唐墓出土餛飩若干，質地為小麥麵，長三公分，寬二．五公分，形似耳朵，皮薄，內有餡，形狀與餃子有著明顯的區別。雖說不是「新鮮出鍋」，但它們是中國乃至世界迄今為止發現最古老的餛飩實物。

唐之前的中古時期，餃子與餛飩經常混為一談。最初的餃子也被稱作餛飩，北齊顏之推曰：「今之餛飩，形如偃月，天下通食者也。」[51]偃月可泛稱半月形，顏之推所形容的偃月餛飩，就是今天的餃子。如此，那彼時的餛飩該如何稱呼呢？餛飩還叫餛飩，可以認為餃子是一種特殊形狀的餛飩。新疆吐魯番阿斯塔納墓葬中還出土了唐代的餃子，儘管已嚴重鈣化，整體顏色發暗，堅硬如石，但外形完整可辨。他們歷經千餘年的風霜雨雪來到世人們眼前，實屬不易。

唐代的餃子與今天的餃子在形態上極其一致，都為偃月形。此外，開元通寶上也有月紋印痕。難道是由於唐人格外鍾愛這種月牙兒的形狀嗎？人們說開元通寶上的月紋是文德皇后在觀賞鑄錢的蠟樣時，她的指甲不經意間劃到了蠟樣，才留下印痕。不過也有人說是太穆皇后[52]，甚至還有人認為是楊貴妃……但這些都是人們的臆測而已。事實上，此月紋並不是各位娘娘的指甲印痕，更不是因為唐人特別愛

開元通寶

吃餃子而故意留下，或可看作是一種爐別的記號與紋樣。

言歸正傳，餃子在其漫長的發展過程中名目繁多，古時有牢丸、扁食、餃餌，以及粉角等眾多名目，直到清朝才定名為餃子。餃子也曾被稱作嬌耳，這一名稱的由來或許是因為漢代的張仲景。

東漢時期，「建安三神醫」之一的張仲景創製了一種用於祛寒的餃子。建安年間[53]，張仲景曾擔任長沙太守一職。相傳，在他告老還鄉之時，正值寒風凜冽、大雪紛飛的冬天。當地許多流民面黃肌瘦、衣不遮體，裸露在外的耳朵也都被凍爛了。張仲景見狀心如刀割，回鄉後仍念念不忘當初的情景，研製出一個禦寒的食療方子——祛寒嬌耳湯。

五、一個蒸餅引發的奇案

周張衡，令史出身，位至四品，加一階，合入三品，已團甲。因退朝，路旁見蒸餅新熟，遂市其一，馬上食之，被御史彈奏。則天降敕：「流外出身，不許入三品。」遂落甲。[54]

這個故事記載在唐代筆記小說《朝野僉載》中，令人忍俊不禁的同時，還有點匪夷所思。

武周時期，朝廷有位官員叫張衡，雖是令史出身，卻已官列四品，倘若再升一階，就是三品官員。在唐朝，宰相一般也才至三品。所以在唐朝的官場上，從四品到三品是個相當難闖的險關。

現在，「官吏」二字常常連用，而在古代，官與吏的地位卻相差懸殊，吏遠遠不及官。杜甫的《石壕吏》有「暮投石壕村，有吏夜捉人」的記述，詩中提到夜裡來強制徵兵的差役就叫吏。吏員出身的張衡在官場幾經摸爬滾打，終於位列四品。通常，如此出身的人要爬到四品高位確實是難乎其難。張衡不僅官拜四品，而且吏部已把他列為三品官員的候選人，著實讓人嫉妒。

然則值此緊要關頭，張衡卻不慎踩了地雷：一日退朝途中，他看到路邊有人出售新鮮出籠的蒸餅，還熱氣騰騰的。此時，饞蟲早已被引上喉嚨，他禁不住誘惑就購得一份充飢。糟糕的是，這個偷吃的鏡頭正好被一位御史捕捉到了。於是，這位御史便在武則天駕前彈劾張衡的行為有損官儀。

古代臣子們上朝，天不亮就得出門，估計沒有時間吃早點，碰到冗長的朝會要耗上幾個小時方告結束。退朝之後，他們時常還得處理公務，所以餓上大半天也是家常便飯。

唐代貞觀四年[55]，太宗下詔在朝堂外廊下設食，為參加朝會的全體官員供應一頓工作餐，稱「廊下食」，從而成為唐代的常制。唐朝前期，廊餐的伙食肯定不至於太過寒磣，所以張衡退朝之後還飢腸轆轆並非因工作餐過於簡陋所致。不管出於何種原因，張衡退朝回府時依然腹中空空如也。武則天接到御史的檢舉後，揮毫批了幾個觸目驚心的字眼：「流外出身，不許入三品。」眼看就要到手的三品烏紗就這樣因為一個蒸餅而功虧一簣。

何為流外？唐代九品以上，包括九品的品級官員都可統稱流內官。而介於品官與庶民之間的吏員，則被歸為流外官。流外官是在朝廷和地方各級政府部門擔任低級職務的吏員。一旦成了吏，由吏入官者堪稱鳳毛麟角。當然，也有少數佼佼者鴻運當頭，由吏升遷至品官的行列，即為入流。

與張衡相比，中唐時期的宰相劉晏就沒那麼倒楣了。清晨冷風刺骨，寒氣逼人，上朝途中他買了幾塊熱餅捧在手中取暖，還沾沾自喜道：「美不可言，美不可言！」[56]

那麼直接導致張衡悲劇的蒸餅究是何物呢？

這個問題得從最具東方特色的飲食生活傳統之一——蒸食技術開始說起。早在八千年前，先民們就已經用蒸法烹製穀物。後來，隨著小麥的傳入以及麵粉磨製技術成熟後，人們也將蒸法借用到麵食的烹飪中。[57]

前述的蒸餅與它的近親——籠餅，都是蒸食技術在麵食打造時的成功典範。

籠餅，顧名思義是放在蒸籠裡蒸製的麵食，相當於現代的饅頭或包子一類的食物。宋代陸游的《蔬園雜詠·巢》記載：「昏昏霧雨暗衡茅，兒女隨宜治酒餚，便覺此身如在蜀，一盤籠餅是豌巢。」[58]陸游自注曰：「蜀中雜彘肉作巢饅頭，佳甚。唐人正謂饅頭為籠餅。」毫無疑問，陸游所說的蜀地饅頭，是以肉末為餡所製作的鳥巢型的麵點——肉包，也正是唐人口中的籠餅。

對於蒸餅，不同的時代似乎有不同的定義。譬如十六國時期，後趙的石虎好食蒸餅，這種蒸餅「常以乾棗、胡桃瓤為心蒸之，使拆裂方食」[59]。而唐代的蒸餅，做法稍有差異。《酉陽雜俎》中記載，「蒸餅，法用大例麵一升，練豬膏三合」。[60]從段成式的描述來看，唐代的蒸餅是一種以麵粉和豬油膏為主要原料的麵點。

如此，禍害張衡的蒸餅只是一個不含肉餡的豬油饅頭而已……

六、一千三百年前的月餅和四千年前的麵條

唐代名目眾多的麵點不勝其數，除前文所述外，還有諸如䭃頭、鐶餅、粔籹、寒具、饊餅、爐餅、餑𩝐、餢飳、煎餅、燒餅、乳餅、白餅、餡餅、沙餅、餪餅、子、小食子等，這些麵點大多因原料、做法、地區等區別而叫法各異。其中一些雖不同名，實屬一物：䭃頭、鐶餅、粔籹，以及饊餅均屬寒具，即油炸饊子、餢𩝐、餢飳都是油炸圓餅。

爐餅可能是一種胡餅，在爐內烘熟。唐代的燒餅或許與今日的燒餅相似，而不同於胡餅。乳餅，皆為奶酪、膏腴所製。[61]沙餅的原料是麵與油，而餪餅只用麵卻沒有油。[62]䭔子是上流社會的吃食，但形制不明。小食子原本是相對正餐而言，後來演變成一種專門的小吃，當然也有可能是

某一類點心的泛稱。

唐時，人們也將麥子磨成麵粉後直接煮粥，即麥麵粥。直至今日，廣大中原地區的百姓仍然喜歡喝白麵稀飯。白麵稀飯在山東一帶叫作白麵糊糊，在河南一帶則名曰白麵湯，山西人又謂之麵糊糊，它們都是唐代時期興盛的麥麵粥。

粟米和黍米被磨成粉食用的歷史遠遠早於小麥。本世紀初，青海民和喇家遺址出土了一碗四千年前的麵條。傳統觀點認為，中國古代的麵條只有二千年左右的歷史，而這碗麵條能夠穿越四千年的時光與今人會面，得益於當年此地突發的一場災難。經檢測，這碗麵條由粟米和黍米粉烹製而成，葷素搭配合理，因為研究人員在樣品中發現了藜科植物的植硅體以及少量的動物骨頭碎片。[63]此次考古發掘一下子將麵條的年齡增加至四千歲，試問：這一結果是否能夠證明西方的麵條一定源自中國？答案未必盡然，有專家認為，東西方麵條各有淵源。

小麥起源於西亞，後傳入歐洲和東亞，並逐漸取代小米成為旱作農業的主體作物。考古表明，距今四千五百年左右的龍山文化時期，小麥傳入中國古代文明的核心區域。東方本土古老的粒食傳統的借用，是小麥在其新立足地生根的第一步。而麵食技術的普遍運用，是小麥在東方立足的第二步，也是它傳播更廣的原因。[64]

石磨的產生使小麥麵食變成現實。雖說早在戰國時期中國就已經產生了石磨，但由於製作石磨的技術與工具問題，以及麵粉加工成食品的技術難題，小麥整粒食用仍維持相當長的一段時間。石磨在產生初期相當稀缺，並未成為平常百姓的糧食加工工具。

西漢中期「絲綢之路」的開通，為黃河流域小麥的粉食帶來新的加工方式，使麥粉打造的麵點迅速躋身於美食行列。[65]麥類被磨成麵粉食用是飲食史上的一大鉅變，它不僅改變了麥子的口感，而且演變出各種千姿百態的麵食，西北和北方地區的百姓尤為喜愛。小麥粒食之習已漸行漸遠。

唐朝時期，小麥在百姓的膳食中所占比重迅猛上升，在北方已經能和粟類平分秋色，成為僅次於水稻的一大主糧。[66]唐代小麥分布主要位於長江流域的北部與中部，流域南部幾乎沒有小麥的種植，至於嶺南地區則更無小麥的蹤影。[67]所以，從某種意義上講，麵食是唐代廣大北方地區的主食，而南方是稻米的天下。唐時如麵條、餃子、饅頭等以蒸或煮等東方主流烹飪手法打造的麵食，都是小麥漢化食用的成功典範。有趣的是，西方人卻將麥麵放進了烤爐，製成了麵包與蛋糕。這是由於東西方主流烹飪技術的差異，決定了麥食傳統發展的不同方向。[68]

註釋

1 西元八四一年。

2 黃正建：《走進日常：唐代社會生活考論》，頁九二—九三。

3 〔唐〕楊萬里：《寄胡餅與楊萬州》，《全唐詩》卷四百四十一。

4 〔宋〕王讜：《唐語林》卷六。

5 羅竹風主編：《漢語大詞典縮印本（下卷）》，頁七七七六。

6 從牛奶、羊奶中提煉出的油脂。

7 羊前肢的下半截。

8 〔唐〕李德裕：《次柳氏舊聞》，明顧氏文房小說本。

9 〔唐〕李德裕：《次柳氏舊聞》。

10 〔宋〕李昉：《太平廣記》卷四百五十一《狐》五。

11 〔唐〕李匡乂：《資暇集》卷下，明顧氏文房小說本。

12 西元八〇六年為元和元年。

13 唐時以經義所取之士。

14 天花蕈這種植物在中國古籍中有多處記載，又名天花、天花菜、天花菌、天花蘑菇（摩姑）等，產自五臺山、雁門和廬山等地。

15 〔唐〕段成式撰，許逸民校箋：《酉陽雜俎校箋（二）》卷七《酒食》，頁六〇七。

16 〔宋〕李昉：《太平御覽》卷第九百四十三《鱗介部》十五。

17 陸睿：〈抓飯還是餑餑？——饆饠考〉，《新疆大學學報（哲學社會科學版）》，二〇一五年第三期。

18 黃正建：《走進日常：唐代社會生活考論》，頁九四。

19 〔唐〕釋慧琳：《一切經音義》卷第三十七，日本元文三年（西元一七三八年）至延享三年（西元一七四六年）獅谷蓮社刻本。餅，或作飴餅。

20 〔宋〕周密：《武林舊事‧蒸作從食》卷六：「諸色食+夾子。」

21 餅餤是一種圓桶狀並裹有各種餡料的麵食。詳見本書第一章《魚躍龍門上燒尾》「唐安餤」部分。

22 音讀。
23 〔唐〕釋慧琳：《一切經音義》卷三十七。
24 台州人對餡料的稱呼。
25 台州方音。
26 音讀，意思是把好吃的小東西給你，通常指圓形的水果，比如枇杷、楊梅、櫻桃、荔枝、桂圓以及橘子等。
27 鐵質平底鍋，在山東則用來做煎餅。
28 王仁湘：《中國史前考古論集·續集》，頁一六四。
29 〔唐〕李頎：《九月九日劉十八東堂集》，《全唐詩》卷一百三十二。
30 〔唐〕羅隱：《鄭州獻盧舍人》，《全唐詩》卷六百五十六。
31 〔宋〕歐陽修：《新唐書》卷七十六《后妃傳上》，中華書局，一九七五年，頁三四九一。
32 〔宋〕陸游：《老學庵筆記》卷三，明津逮祕書本。
33 〔宋〕陳亮：《龍川集》卷二十，清宗廷輔校刻本。
34 〔北魏〕賈思勰：《齊民要術》卷第九。
35 〔宋〕歐陽修：《歸田錄》卷二。
36 味噌（みそ），又稱麵豉醬，以黃豆為主要原料，加入鹽及不同的種麴發酵而成。在日本，味噌是最受歡迎的調味料，它既可以做成湯品，又能與肉類烹煮成菜，還能做成火鍋的湯底。
37 李曄（西元八六七—九〇四年）唐懿宗李漼第七子，唐僖宗李儇之弟，西元八八八—九〇四年在位，在位十六年。
38 李茂貞（西元八五六—九二四年），原名宋文通，字正臣，深州博野（今河北蠡縣）人。唐末至五代時期藩鎮，官至鳳翔、隴右節度使，封岐王。
39 〔宋〕歐陽修：《新五代史》卷四十，清乾隆武英殿刻本。
40 朱溫（西元八五二—九一二年），五代梁朝第一位皇帝，又名朱晃，賜名朱全忠，宋州碭山（今安徽碭山縣）人。

41 西元九〇一年。

42 今陝西大荔縣。

43 〔宋〕歐陽修：《新五代史》卷四十。

44 西元九〇三年。

45 西元九〇四年。

46 〔唐〕杜甫：《槐葉冷淘》，《全唐詩》卷二百二十一。

47 〔先秦〕莊周：《莊子》卷第三，四部叢刊景明世德堂刊本。

48 〔唐〕段成式撰，許逸民校箋：《酉陽雜俎校箋（二）》卷七《酒食》，頁六〇七。

49 〔唐〕韋巨源：《食譜一卷》。〔元〕陶宗儀編：《說郛三種》之《說郛一百二十卷》卷九十五，頁四三三八。

50 〔宋〕陸游：《對食戲作》。〔清〕吳之振：《宋詩鈔》卷六十八，清文淵閣四庫全書本。

51 〔清〕錢繹：《方言箋疏》卷十三，「餅，謂之飥，或謂之餦餛」條「箋疏」，清光緒刻民國補刻本。

52 太穆皇后竇氏（約為西元五六九—六一三年），唐高祖李淵之妻。

53 西元一九六—二二〇年。

54 〔唐〕張鷟：《朝野僉載》，清畿輔叢書本。

55 西元六三〇年。

56 〔唐〕韋絢：《劉賓客嘉話錄》，明顧氏文房小說本。

57 王仁湘：《中國史前考古論集·續集》，頁一七六—一七八。

58 〔宋〕陸游：《劍南詩稿》卷十四，清文淵閣四庫全書本。

59 〔宋〕李昉：《太平御覽》卷第八百六十《飲食部》十，四部叢刊三編景宋本。

60 〔唐〕段成式：《酉陽雜俎·前集》卷之七。

61 徐海榮：《中國飲食史（卷三）》，華夏出版社，一九九九年十月。

62 黃正建：《走進日常：唐代社會生活考論》，頁九五。
63 王仁湘：《中國史前考古論集．續集》，頁一六四。
64 王仁湘：《中國史前考古論集．續集》，頁一六〇—一六一。
65 韓茂莉：《中國歷史農業地理（中）》，頁三三五。
66 徐海榮主編：《中國飲食史》（卷三），杭州出版社，頁二五五。
67 韓茂莉：《中國歷史農業地理（中）》，頁三七二。
68 王仁湘：《中國史前考古論集．續集》，頁一七五—一九九。

飲之篇

第七章　新爐烹茶含露香

一九八七年，陝西扶風法門寺出土了大批珍貴的文物，其中涉及大唐宮廷茶宴的部分器物如下：金銀絲結條茶籠子、鎏金鴻雁流雲紋銀茶碾子、摩羯紋蕾鈕三足架銀鹽台，以及鎏金仙人架鶴紋壺門座茶羅子。單單這幾件遺寶就足以使人如墮煙海。

作為一個尋常的現代人，唐人飲茶時是否會用到籠子、碾子以及羅子等物還不甚明瞭，而鹽台顯然是一件置鹽的用具，莫非唐人飲茶與烹調一樣，還需要灑鹽嗎？

一、陸子曰：你是否在喝只配沖茅房的茶？

談茶，不得不提起唐代的陸羽[1]，嗜茶者無人不知其名。陸子認為茶是「南方之嘉木」[2]。在古人的觀念中，草木同為一體。茶，從草、從木，或兩者兼從。茶的另一個芳名——茗，為世人所熟知，其實，荼、檟、蔎以及荈皆指茶。

事實上，陸羽之後，「茶」字才成為茶的通稱，亦方有茶學。陸羽之前，「荼」往往作「荼」。相傳，神農氏嚐百草，日遇七十二種毒，得荼而解之，可見彼時的茶是一味良藥。廣而論之，茶早期的身分並非飲品，而是一種藥材，茶可以治療積年瘻瘡以及小兒驚厥。[3]檟、蔎、荈、茗是對茶的進一步分類，賦予時令或味覺上的區別。古人曾將早採的茶葉叫作荼，晚採者則稱為茗。陸羽依據口感，對檟、荈、荼進行區分，「其味甘，檟也；不甘而苦，荈也；啜苦咽甘，茶也。一本云：其味苦而不甘，檟也；甘而不苦，荈也」[4]。

茶的種法與種瓜並無二致，栽種三年後便可採摘。從自然環境上講，滋長在山野間的茶葉為極品，人工培育的則黯然失色；就土壤條件來說，「上者生爛石，中者生礫壤，下者生黃土」[5]；由葉片視之，紫色為上，綠色稍遜，形似牙齒的次於如筍尖的，捲曲者優於舒展者。此外，長於山地陰面坡谷的茶葉，其寒性凝滯，慎勿採摘飲用。

採茶在每年農曆的二月至四月之間進行，務必要抓住時節。一旦錯失良機，又未經精細處理，以致茶葉內野草混雜，就會喝出毛病，為茶所累反倒得不償失。當新發的細嫩芽條冒出，就得踏著晨露及時採擷。在天朗氣清的日子裡，採茶、蒸青、搗碎、拍壓、焙乾、串扎、包封，諸多繁瑣的程序環環相扣。所有的環節在採茶當天一氣呵成，茶餅方能徹底乾透，色澤鮮明。

唐代宦官劉貞亮曾將飲茶的好處概括為「十德」：「以茶散鬱氣，以茶驅睡氣，以茶養生氣，以茶除病氣，以茶利禮仁，以茶表敬意，以茶嘗滋味，以茶養身體，以茶可行道，以茶可雅志。」「十德」即修身養性。劉貞亮的《飲茶十德》可謂言之鑿鑿。

據傳，唐代後期的宣宗統治年間，有一名一〇三歲的高壽老僧，鶴髮童顏、神采奕奕。宣宗得知後便遣使向其問取養生之道。高僧回稟道，我自幼貧賤，素來不知茶水還有延年益壽之效。平生嗜茶，所到之處唯茶在側，痛飲百碗方能盡興。古人對茶的攝生功效深信不疑，佛道兩家將茶與其精神修煉相結合，很多人甚至認為飲茶可輕身換骨、羽化登仙。

陸羽將茶的奧祕與意境寫進三卷的《茶經》裡。他說茶味至寒，「精行儉德」之人最宜。如果唇焦口燥、氣滯煩悶、頭疼腦熱、雙目乾澀、四肢煩亂、全身關節不舒，喝上幾口茶水，便如飲醍醐甘露一般。[6] 陸羽秉承神農衣缽，凡茶皆親炙、親煮、親品，盡顯誠虔之心。

在「陸氏煎茶法」盛行之前，唐代社會中存在一種較常見的飲茶形式，這種品茶方式在《茶經》中被稱作「痷茶」。「乃斫、乃熬、乃煬、乃舂，貯於瓶罐之中，以湯沃焉，謂之痷茶。」[7] 人們對茶葉又是斫，又是熬，又是烤，又是舂，然後將它貯存在瓷瓶或者瓦罐中，待飲用之時以沸水泡之即可。「痷」字飽含病態之意，痷茶之名想來是陸羽對如此飲茶方式的詬病。時人還將蔥、薑、棗、桔皮、茱萸、薄荷等物與茶葉同煮，熬成一鍋百沸湯或千滾水。抑或，再三揚湯，把茶水煮得如同膏汁那般濃稠滑膩。也就是說，在那個時候、煮茶與煮蔬菜湯並無二致，這種茶被唐人稱為「茗粥」。此外，沫與餑是茶湯的菁華，有人卻將之撇棄。

對於前述幾種茶水，陸羽戲稱為「溝渠間棄水」。在煎茶法尚未風靡的時代，廣大唐代人最常飲用的正是這些「溝渠間棄水」。如此，今天人們常喝的沖泡茶、奶茶、酥油茶，以及冰紅茶之屬，想必在陸羽眼中也是陰溝裡的污水。

陸氏煎茶法見重於海外。中國南方少數地區仍沿用傳統的煎茶法，其他地區都採用直接沖泡的方式。唐代以後，煎茶法漂洋過海，東渡扶桑，其流風遺韻在日本得以保存，該國還有「飢來飯，渴來茶」的俗諺。

二、一本《茶經》的價值等於一千匹寶馬？

相傳唐代末年，氣數將盡的大唐王朝面臨著各種內憂外患。出於軍事上的考慮，大唐對馬匹的需求迫在眉睫，遂與回紇以茶易馬。漠北地區的自然環境並不適宜茶葉的生長，而草原民族的飲食習性卻又對茶有著極大的依賴性。

某年金秋，又值一年中的交易之際，雙方使者在邊境線上再度聚首。此次回紇使臣拒絕直接換茶，卻執意要求以千匹良馬求得一本好書——《茶經》。彼時，《茶經》尚未普遍流傳，而陸羽卻已仙逝。天子命人遍尋此書，從陸羽著書的吳興苕溪[8]，再到其故里復州竟陵，仍一無所獲。最終，詩人皮日休獻出一個手抄本，這樁公案才得以結了，陸羽與他的《茶經》也因此而聲名鵲起。

區區七千餘字的《茶經》，回紇為何不惜賠上千匹寶馬良駒來換取？陸子在二十歲出頭就萌生了撰寫一部茶葉專著的念頭，並為此進行長達十餘年的遊歷考察。他一路披星戴月、餐風宿露。無論是路旁埂畔抑或籬邊茅舍，都有陸羽與當地鄉村野叟論茶的身影。

西元七六〇年左右，陸羽隱居在苕溪閉門著述，《茶經》就誕生於此。關於此書的成書年代眾說紛紜，國內學者一般認為是在西元七六〇年至七八〇年之間。有觀點認為《茶經》於七七四年最終定稿，而此時的陸羽已逾不惑之年。

《茶經》是世界現存最早、最完整、最全面介紹茶的第一部專著，被譽為茶葉百科全書。《茶之器》、《茶之具》兩篇是《茶經》中的重要部分。在陸羽的理解中，採茶、製茶的工具稱作具，煮茶、飲茶的器物則謂之器。在野寺山園，松間石上，部分器具尚可偏廢，「城邑之中，王公之門，二十四器缺一，則茶廢矣」。[9]

陸羽在《茶之器》一篇中，將「器」分為二十四種進行細說。他對茶器的產地、取材、質地、大小、長度、厚度、形狀、色澤，以及是否上漆、上鎖或點綴，乃至裝飾物的材質、色彩等均有詳細論述。在此篇中，陸鴻漸的精緻生活與美學品味展露無遺。

表3-1-1　《茶經》中的茶具一覽表

名稱	材質	形制	功能	備註
籯／籃／籠／筥	竹	／	採茶	／
灶	／	／	／	勿用有煙囪的灶
釜	鐵／銀／瓷／石	唇口型	／	／
甑	木／瓦	／	蒸茶	／
杵臼／碓	石	／	舂茶	長期使用者為佳
規／模／棬	鐵	圓形／方形／其他	造茶	襜放承上，規置襜上，用以造茶。規是製茶餅的模型。
承／台／砧	石	／	造茶	
襜／衣	油絹／雨衫／單服	片狀	造茶	
芘莉／籯子／篣筤	篾	有手柄，與籮筐有幾分相像	列茶	有竹篾織成方眼，像園丁的的籮
棨／錐刀	木頭與鐵	／	穿茶	用來給餅茶穿洞眼
扑／鞭	竹	線形	穿茶、解茶	用於將茶餅穿成串
焙	泥	深、長、闊都有具體尺寸規定	焙茶	需在地面往下鑿出一個空間，其上砌短牆
貫	竹	線形	貫茶	用來穿茶烘焙
棚／棧	木	構於焙上，編木兩層，有一定高度	焙茶	半乾的茶放下棚，全乾的放上棚
穿	竹	線	穿茶	用以貫串製好的茶餅
育	木、竹、紙	中有隔，上有覆，下有床，傍有門，中間置一器，儲糖煨火	育茶	以木製成框架，竹篾編織外圍，再用紙裱糊。中有間隔，上有蓋，下有托盤，旁開一扇門。中間放置一件器皿，盛有火灰，潮溼季節可加火除濕。

三、茶聖：一碗合格的茶應該這樣煮

唐代人煮茶前有炙茶的習慣，炙茶時，茶餅與火的距離都頗有講究。用夾子夾住茶餅，貼近火源，不斷地翻烤正反兩面，使其受熱均勻。等茶餅表面形成微凸小丘時，離火稍遠再緩緩地進行烘烤，等到凸起的茶葉平復之後，再挪近點烘烤。如果是原先用火烘乾的茶餅，要烤至散發茶香，曬乾的茶餅則要烤到完全發軟為止。

陸羽認為，以叢林深谷中小青竹為材料的夾子，可使茶葉額外增添幾分香潔。炙好的茶要夾在縫成夾層的剡藤紙[10]中貯藏，如此茶香便不易消散。炙茶的燃料，以炭為首選，其次是桑、槐、桐、櫟木之類的勁薪，千萬莫用柏、松、檜等油脂豐富的木料。此外，杜絕任何燃燒過的木炭以及腐爛的木器，以免茶水沾染勞薪之味。[11]

唐末五代時期的梁藻，其詩中有「擬摘新茶靠石煎」[12]一句，同時代的詩僧貫休則有「石炭煮茶遲」[13]之句，皆提及當時人瀹茗時所用的一種新興能源——石炭，石炭即煤炭。早在北魏時期，就有關於煤炭的記載。北魏酈道元的《水經注》曰：「山有石炭，火之，熱同樵炭也。」[14]石炭燃燒後有一股刺鼻的氣味，勢必會影響茶味的香純。再者，石炭的獲取遠遠不及木炭來得便宜。有唐一代，煮茶用得最多的當數木炭卻非石炭。

唐人炙茶之後，碾茶也是一個必不可省的過程。從材質上看，以橘木所制的茶碾最佳，梨、桑、桐、柘等木次之。從形狀來看，「臼內圓而外方」的茶碾為上，便於滾碾，又不易傾倒。碾碎的茶粉用鳥類羽毛製作的拂末進行拂刷，再用羅[15]加以細篩，篩好後再放到盒[16]裡貯存。取用、量度茶粉用的器材名曰則，則取材於貝殼、銅、鐵，以及竹子等物，相當於現在的瓢羹。

風爐是唐代人烹茶常用的爐子，銀製、銅鑄或鐵鑄兼有，形如古鼎，下有三足，其間設三眼窗孔，最底部的那眼為通風之用。爐內有廳，可置炭火。風爐上有三個格，可支撐交床[17]之上的瀹茗器具。鍑[18]、釜、鐺、銚以及鼎等，都是唐代常見的瀹茗用具。風爐的爐底有一眼通風出灰的洞口，下置一隻承接炭灰的鐵盤。

茶聖陸羽煮茶用鍑，此處便對鍑予以細說。鍑在鑄造之時，模芯外層要抹泥，內層則塗沙。泥土能使內層光滑平整，易於清洗。細沙可讓鍑外粗澀，即時吸熱。一對鍑耳製成方形，便於提起的時候持平。鍑的邊緣要厚實，如此才能經久耐用。鍑腹要深，儘量使茶水在鍑的中部沸騰，如此，所瀹之茗味道濃香醇厚。雖說銀、瓷、石製的鍑雅緻潔淨，但都不及鐵製的經久耐用。

陸羽格外講求瀹茗所用的水源，每次必用佳泉。他對各種水質加以評鑑，認為煎茶之水「用山水上，江水次，井水下」[19]。至於現代人日常所飲用的自來水，對陸羽來講，也許只配沖洗茅房。

山泉水中，鐘乳石下滴淌的山水，以及巖隙石縫中滲出的泉水最是絕妙。山谷中的急流激湍切莫取用，易使人罹患疫病。泉水流經山窪谷地時停滯不前，遂成一汪死水，自舊曆六月至九月

陸羽井與第三泉[20]。二〇一七年八月作者自攝於蘇州虎丘。

陸羽井。二〇一七年八月作者自攝於蘇州虎丘。

分的霜降期間，會有蛇、蟲等生物在此蓄毒，可先決口疏導，等汙水流盡，新泉匯入後再取水。若是江河之水，要到遠離人家的河段舀取，井水則要汲取長期有人飲用的活水。

選用優質水源之後，還需用漉水囊加以過濾。生銅既無苔穢，也沒腥澀之味，同時較之木、竹更為耐用，因而被民間選為漉水囊的最佳鑄造用材。濾水的布袋，精選青竹片捲製而成，再裁剪一塊尺寸相宜的絲絹縫合，陸羽指明要選用碧綠色的絲絹。最後依據個人喜好，可用精緻的翠色螺鈿加以點綴。

陸羽對瀹茗時燒水這一步驟有過系統地闡述，可概括為「三沸烹茶法」，即先將水舀入鍑內煮，「其沸，如魚目，微有聲，為一沸；緣邊如湧泉連珠，為二沸；騰波鼓浪，為三沸；已上，水老，不可食也」。[21]

第一沸時，為使茶水更純正，可先舀出水面上漂浮著的一層如黑雲母般的水膜。然後根據個人口味，從鹺簋[22]、瓶子、陶盒、鹽台等器具中取鹽適量，調入水中，這就是本篇開頭提及的，法門寺會有唐代摩羯紋蕾鈕三足架銀鹽台出土的原因。茶水加鹽，是唐人飲茶的普遍之習，加鹽可去澀增甜，古人對生活的智慧與用心不得不令人稱歎。不過，彼時也有人只鍾情於「免鹽」的淡茶。

前面都是鋪墊，真正到放茶粉是在第二沸，放之前先舀取一瓢水，接著用竹筴[23]在鍑的中心旋轉攪動，從而產生一個高速旋轉的漩渦，茶粉隨之沉下。到第三沸時，將先前舀出的一瓢水緩緩注入鍑中再煮。

至美的茶水謂之「雋永」。唐代早已產生瓷質或沙石所製的開水瓶——熟盂。將雋永之茶儲存在熟盂內，當鍑中的茶水沸騰時，可倒入少許壓一壓，陸羽稱之「育華救沸」。隨後盛出的前三碗茶，其品質顯然不及雋永。第四、第五碗茶之後，若非口乾至極切勿飲用。茶水一旦久置，其中的重濁渣汁會凝結碗底，茶水的「精氣神」也會隨著嫋嫋升騰的熱氣而散發殆盡，所以要趁熱飲用。

煮好的茶水為緗色，氣味馨香怡神。沫餑[24]都是茶湯中的精粹英華，餑沫如霜者為上，分盛時要均勻地倒入各個茶碗中。

唐代人飲茶大多用茶碗、茶盞，而非茶杯，今天不少南方人也用茶碗。陸羽對茶碗的挑剔近乎吹毛求疵。在他看來，越州[25]所產的茶碗為珍品，其次鼎州[26]與婺州[27]，嶽州[28]所出的也屬精品，壽州[29]和洪州[30]的相對遜色。越州瓷青翠秀雅、冰潔如玉，用來盛茶，茶水明晃晃、綠瑩瑩的，讓人為之心動。

時人奉為茶碗佳品的邢州瓷器，由於其質感、色澤的欠缺，以及置茶時湯水呈現紅色而為陸羽所棄用。此外，「壽州瓷黃，茶色紫，洪州瓷褐，茶色黑」，故而用這些瓷器作茶碗毫無美感。

青色的越州瓷與嶽州瓷，將原是緗色的茶水襯托得蒼翠欲滴，可謂珠聯璧合。詩人陸龜蒙以「九秋風露越窯開，奪得千峰翠色來」[31]之句，對越州瓷大加歎賞。也許，南方的碧水青山、葳蕤草木都一一滲入越州瓷中，才造就了它溫潤的玉肌與青朗的風骨。「青朗」本該作「清朗」，但「清朗」二字不足以描摹其仙姿玉質，故作「青朗」。

一九五七年，幾個調皮的孩子在蘇州虎丘嬉戲，為掏鳥蛋，他們爭先恐後地登上有著千餘年歷史的雲巖寺塔，竟在該塔第三層的天宮中發現了一批文物，此事當即引起了考古專家的重視，後經查驗，其中一件相當工緻的傳世瓷器是越窯祕色瓷蓮花碗，為五代之物。

先前，祕色瓷僅見諸史端，卻一直未見實物，而且所記載燒造年代為五代時期。一九八七年，扶風法門寺地宮中出土了十三件越窯青瓷，有《衣物帳》石碑紀錄為證，這些青瓷確係唐代祕色瓷。

何為祕色？

宋代趙令畤在《侯鯖錄》中提及：「今之祕色瓷器，世言錢氏有國，越州燒進，為供奉之物，不得臣庶用之，故云。」[32]可見，宋人認為祕色瓷為宮廷御用，但也有觀點認為，祕色瓷之「祕」與神祕或使用者無關，而是時人對青瓷這種色樣的通稱，如晉人稱青瓷為縹瓷那般。又有

雲巖寺塔。二〇一七年八月作者自攝於虎丘。

日本學者認為，祕色即翡色。祕色瓷「其式似越窯器，而清亮過之」[33]，天下多少人為之魂牽夢繞，據說乾隆皇帝曾遍尋天下，為求一件而不得。

從出土的祕色瓷來看，其質地細膩，多呈灰或淺灰色，胎壁較薄，表面光滑，器形規整，施釉均勻。五代早期的祕色瓷釉色以黃色系為主，光潔瑩潤，呈半透明狀，青綠色的比重較晚唐有一定程度的提升。五代後期以青綠為主，黃色則比較少見。

四、陸羽六羨西江水，盧仝七碗玉川泉

茶，為陸羽一生所痴。陸子以撰寫《茶經》而名揚四海，對中國乃至世界茶道的發展功若丘山，被人們尊為「茶聖」，祀為「茶神」。

余以為，茶與詩一脈相連，好茶之人的詩篇總是妙筆天成。陸鴻漸生性疏放脫俗，深諳茶道，又擅詩作，其詩如行雲流水、飄逸灑脫。大可惋惜的是，陸子存世的詩作為數不多。

不羡黃金罍，不羨白玉杯。
不羨朝入省，不羨暮入臺。
唯羡西江水，曾向竟陵城下來。[34]

在《六羡歌》中，世人對陸羽的恬淡寡欲一覽無餘，他不慕俗世富貴虛名，終生不仕，銘心鏤骨的永遠是故鄉竟陵的西江水。

提起竟陵這個地方，也許陸羽的內心是百感交集的。《陸文學自傳》開篇提到：「陸子，名羽，字鴻漸，不知何許人。」[35]一句「不知何許人」，道出心中多少辛酸。原來，陸羽年僅三歲就淪為孤兒，幸蒙竟陵積公大師收養。積公對其寄予厚望，希望他潛心佛學，而陸羽卻志不在此。「公執釋典不屈，子執儒典不屈」[36]，師徒兩人自此有了一道難以逾越的心理鴻溝。積公一改昔日的慈愛之心，屢屢以賤務對其進行考驗，並嚴加管束，動輒鞭笞。陸子一心向學，卻無紙學書，於是以竹枝畫牛背練字。經歷幾番風吹雨打，他不堪忍受，收拾細軟逃離了竟陵。

唐肅宗上元初年[37]，陸羽在吳興苕溪邊隱居。據傳，苕溪之名源於蘆花，當地百姓稱此花為「苕」。苕溪沿岸蘆葦繁盛，每逢秋天，蘆花四舞，如飛雪一般飄散在水面，故名苕溪。吳興是大唐知名的茶鄉，早在劉宋時期，此地的茶葉就已經遠近聞名。至唐代，吳興顧渚山的紫筍茶成為皇家的貢品。

陸羽在苕溪閉門讀書，樂於和得道高僧、隱逸之士等同道中人高談闊論。他常常泛一葉扁舟往復於山寺之間，隨身之物唯有紗巾、藤鞋、短布衣和短褲而已。他也醉心於徜徉山野之間，誦讀佛經，唱吟古詩，杖擊林木，手弄流水，夷猶徘徊，從早到晚，直至夜幕降臨遊興方盡，一路號啕大哭歸去。因而，坊間傳聞陸羽就是當代的楚狂接輿[38]。

陸羽與知名的詩僧、茶僧皎然[39]大師志趣相投，結為「淄素忘年之交」[40]。在一個天高氣清的秋日，皎然過訪不遇，遂作《尋陸鴻漸不遇》一詩。

移家雖帶郭，野徑入桑麻。
近種籬邊菊，秋來未著花。
扣門無犬吠，欲去問西家。
報道山中去，歸來每日斜。[41]

陸鴻漸的茅舍離城頗近，不過非常清幽靜謐，沿著山野曲徑，蜿蜒前行至桑麻叢中才能被視線所及。「移家雖帶郭，野徑入桑麻」，與陶淵明的「結廬在人境，而無車馬喧」[42]殊途同歸。雖已入秋，門外新栽的秋菊尚未開花。皎然敲門，而四周寂寂。此時他心中有些許茫然與留戀，還是再向西邊鄉鄰打探打探吧。叩問後得知，鴻漸去往山中，每每要到太陽西斜之時才會回來。

「報道山中去，歸來每日斜」與「只在此山中，雲深不知處」[43]實為同趣。透過《尋陸鴻漸不遇》一詩，陸子不以塵凡為念的隱士風韻一覽而盡。

然而，隱逸之士也逃脫不了塵世的紛擾。

據傳，唐代宗李豫好品茶，宮中也有不少職業茶師。遠在竟陵的積公大師居然也以名聞於上，被召入宮廷。代宗命御用的茶師為其奉茶。積公雙手持茶，只細呷了一口，便不禁再飲。皇帝遂問何故，積公道：「我平常所飲之茶，都是弟子鴻漸所煎。喝慣他的茶，其他一切茶水皆索然無味。」

代宗聽罷，便派人四處尋覓遍訪大唐名山大川，品鑑天下香茗山泉的陸鴻漸去了。終於在吳興苕溪的一座山中尋見了他，將其召入唐宮。陸羽雖「有仲宣、孟陽之貌陋，相如、子云之口吃」[44]，卻博學廣志，語出驚人，於是代宗喜笑顏開，當即命他煎茶。陸子將自己親手採摘的明前茶煎好，敬呈給代宗。代宗飲後不禁連連稱絕，並命他再煎一爐，遣侍從為積公送去。積公品後便知是陸羽所煎之茶，當即喜出望外地問道：「漸兒在哪裡？」

茶聖陸羽的大名廣為人知，而人稱茶亞聖、茶仙的盧仝[45]，很多人卻未必聽說。盧仝何許人也？原來，他是初唐四傑之一的盧照鄰之嫡系子孫。盧仝承襲先祖盧照鄰的才情，也是一位博覽經史、工詩精文的才雋，其才華絕不遜於盧照鄰。他不願仕進，還曾賦詩譏刺宦官專權，又數次拒絕朝廷的賜官。

唐代後期，宦官集團猖獗。太和九年[46]，二十七歲的唐文宗不甘受制於奸宦，欲與李訓、鄭注密謀誅之。十一月二十一日，文宗以觀露之名，將閹人頭目仇士良騙至禁衛軍的後院，不幸被其識破，雙方勢力的激戰由此引爆。結果李訓、王涯、賈餗、舒元輿、王璠、郭行餘、羅立言、李孝本、韓約等朝廷中流砥柱皆被閹黨所害，其中不少人還慘遭滅門之禍，一千多人在此次事件中喪生。史稱「甘露之變」。

盧仝也在事變中殞命，其至交賈島聽聞噩耗之後，作《哭盧仝》一詩以悼念摯友。

賢人無官死，不親者亦悲。
空令古鬼哭，更得新鄰比。
平生四十年，惟著白布衣。
天子未辟召，地府誰來追。
長安有交友，託孤遽棄移。
冢側志石短，文字行參差。
無錢買松栽，自生蒿草枝。
在日贈我文，淚流把讀時。
從茲加敬重，深藏恐失遺。[47]

「平生四十年，惟著白布衣」「無錢買松栽，自生蒿草枝」，正是盧仝一生清貧淡泊的寫照。相傳，盧氏子孫將他的屍骨偷運回故鄉濟源入土後，唯恐遭到牽連而飛來橫禍，於是舉家南遷。由唐至明，幾經變遷，盧仝也漸漸淡出了濟源人的記憶。除卻盧氏後人，誰也不會料到這裡曾是一代茶道大師的誕生與葬身之地。直到明代，盧仝的大名才再次被人們提起。

盧仝墓在濟源西北十三里武山頭[48]，山上還有盧仝當年汲水烹茶的「玉川泉」。盧仝有品茶詩云：

一碗喉吻潤，兩碗破孤悶。
三碗搜枯腸，唯有文字五千卷。
四碗發輕汗，平生不平事，盡向毛孔散。
五碗肌骨清，六碗通仙靈。
七碗吃不得也，唯覺兩腋習習清風生。[49]

此篇詩歌淺顯易懂、雅俗共賞，俗稱《七碗茶歌》，其精粹還融入了日本茶道。日本人對盧仝推崇備至，在他們心中，盧仝堪與茶聖陸羽同日而論。

據傳，抗日戰爭時期，有一隊日本兵殺氣騰騰地入侵濟源思禮村。他們自南門而入，一路燒殺搶擄，有三位村民慘遭毒手。少頃，另一隊日本兵朝村口東門疾步而行，企圖也來分一杯羹。但是，當他們走到「盧仝故里」的碑前卻駐足不前，領頭的軍官在細細端詳石碑上的字跡之後，竟彎腰向石碑深深地鞠了鞠躬，隨後便帶領手下的士兵們倉促離去。

五、茶與雁的愛情觀

「茶之為飲發乎神農氏，聞於魯周公，齊有晏嬰，漢有揚雄、司馬相如，吳有韋曜，晉有劉琨、張載，遠祖納、謝安、左思之徒，皆飲焉。」[50]

陸羽將中國人飲茶的歷史追溯到遠古時代的神農氏。神農氏即「炎黃」中的炎帝，生於姜水[51]，葬於「茶鄉之尾」[52]。春秋時代，齊國的相國晏嬰，其日常飲食中就有茶水。至漢代，飲茶之習在宮廷中已經出現，漢初的景帝就是一位好茶的統治者，考古人員在其隨葬品中發現世界上最古老的茶葉，距今約二一五〇年。漢代以降，歷代都有飲茶之人。至唐代，「滂時浸俗，盛於國朝，兩都並荊渝間，以為比屋之飲」[53]，陸羽對彼時茶風之盛一語破的。安史之亂以後，茶葉已經全面滲透到百姓的生活之中。從兩都的長安與洛陽，到荊州[54]、渝州[55]，幾乎家家戶戶都飲茶。縱覽《茶經》，唐代盛產茗茶之地遍及秦、豫、川、湘、鄂、贛、皖、蘇、浙、閩、黔、桂、滇、粵等十餘個省分。

唐代飲茶之風的盛行成就了一批職業茶師，他們受雇於達官顯貴之家，其佼佼者被人喚為「乳妖」。[56]茶鋪是茶葉普及的另一產物，正式形成於唐代，最早從唐玄宗開元年間，最晚到唐文宗太和年間[57]，茶鋪擴散至長安的居住區內。[58]唐末，甚至鄉野之間也可覓茶鋪的蹤影。然而，唐代的茶鋪還在發展初級，僅侷限於為顧客提供茶水，而作為社會交際場所和娛樂場合的功能尚未形成。[59]

唐代茶文化的大行其道，使茶葉取代了六禮中獨挑大樑的大雁的角色。「茶不移本，植必子生。」[60]茶樹移動之後就會死亡，僅以種子萌芽成株。以至性不移的茶為禮，寄寓著女性忠貞不渝以及繁衍子孫的意義。自周朝起，古代中國人便定下婚姻六禮。六禮指從議婚至完婚過程中的六種禮節，即納采、問名、納吉、納徵、請期，以及親迎。

納彩就是男方請託媒人捎上大雁向女方家提親，以示聯姻之意。女方有初步意向之後，男方才開始進展下一步行動——問名。問名也需往女方家送一隻大雁，並問取芳名以及討要生辰八字，其主要目的是卜算兩人是否合適。一旦八字不合，婚事就此告吹；八字若合，男方還要帶上大雁，向女家傳達喜訊，稱作納吉。六禮中的第四步是納徵，納徵不必再送大雁，但要奉送束帛和儷皮等貴重聘禮。之後便是男方求得吉日的請期，女方假如對婚期沒有異議，就算請期成功。請期禮中，雁禮仍必不可缺。正式結婚稱親迎，此時大雁這一關鍵角色依然要如期出場。

雁是禽中之冠，自古被視為仁、義、禮、智、信「五常」俱全的生物。雌、雄兩雁相配以後，必定從一而終。假如其中一方死亡，落單的那隻孤雁至死也不會重新尋找伴侶。大雁這種忠貞不渝的秉性深為古人所推重，將雁用到婚姻六禮中，也就順理成章了。然而，大雁並不易得，但其重要的象徵意義又難以捨棄。於是，人們直接以麵塑的大雁或者其他家禽來代替它。茶與雁的意寓如出一轍，婚娶以茶為禮亦入情入理，成語「三茶六聘」或許也與此相關。

茗茶風靡之後，大唐政府規定天下佳茗需「任土作貢」。貢茶始於唐玄宗開元天寶年間[61]，成為常制則是在中唐以後。《元和郡縣圖志》首次對貢茶進行記載：「貞元以後，每歲以進奉顧山紫筍茶。役工三萬，累月方畢。」[62]

唐德宗貞元[63]之後，民間每年進貢一種來自吳興顧山，名為紫筍的佳茗，紫筍貢茶是當時最好的茶葉品種之一。「鳳輦尋春半醉回，仙娥進水御簾開。牡丹花笑金鈿動，傳奏吳興紫筍來」[64]所稱道的正是此茶。

唐玄宗開元天寶年間[65]的貢茶只來自安康、夷陵、靈溪[66]三地。晚唐之後，達到十七地之多，[67]其中大部分都在南方地區，包括巴東郡、雲安郡、蘆山郡、吳興郡、新定郡、壽春郡、廬江郡、夷陵郡、蘄春郡。此外陝南的漢陰郡[68]、漢中郡，以及河南的河內郡、義陽郡也都進貢茶葉。所以，《茶經》的開篇「茶者，南方之嘉木」的南方，顯然是一個籠統的地理概念，並不是今天意義上的南方。

六、後宮茶話會現場

《宮樂圖》是唐代宮廷品茗之風興盛的一大見證。此畫以宮廷女子宴集為題材，洋溢著西域氣息。十位豐腴的宮人圍繞在一張竹子精編而成的大方桌四周垂腿團坐，她們競相鬥豔，品茗、斟酒，絲竹伴耳，談笑風生，沉浸在雲淡風輕、閒暇自得的宮廷生活之中。

《宮樂圖》　唐代。國立故宮博物院藏品。

波斯傳來的四弦琵琶，蹲伏在桌下的獅子犬以及這個時代廣為流行的高桌大椅等，在此畫中都頗為醒目。畫面正中的大方桌上設有各種宴會器皿，有台座為八瓣花形狀的點心托盤，西域的玻璃點心容器，漢代傳統的塗漆酒杯以及瑪瑙所製的罰酒用具等。桌側一婢女旁侍，以長柄勺取飲，右側一位雍容華貴的宮人手托茶碗，神情悠然自適。

關於這張畫作的來歷尚不明確，但卻將大唐帝國的繁盛栩栩如生地傳達給世人，此畫反映了唐人由分食制轉變為會食制或合食制，由跪坐、盤腿坐演化為垂腿坐的情景。有人說，唐代飲食史上最大的一次革命是家具的重大變化，此話不無道理。

隋唐五代至兩宋這段歷史時期是中國飲食文化史上的鉅變時代，其中以坐具與坐姿的轉變為標誌。當時的人們在就餐時往往會採用跪坐、盤腿坐，以及垂腿坐的姿勢。跪坐是古人最基本、最合乎社會禮儀的一種坐姿。盤腿坐是北方遊牧民族的傳統坐姿，這大概與他們割肉而食的生活習性相適應，唐人也習慣以盤腿的方式就坐。垂腿坐是唐代出現的一種新坐姿，後來逐漸演變成一種適應社會禮儀的正式坐姿。

唐代之前，人們用餐時席地跪坐，各踞一案進食，互不分享，這種方式被命名為「分食制」。直至唐中後期，傳統的分食制逐漸走向多人共享的會食制與合食制。唐代風行的會食制，指菜餚和食物按人頭分配，只有餅類、粥湯羹類食物放在食床上供眾人分享。會食制避免了合食制因多人「共菜同器」而導致「津液交流」的局面，同時又不減合餐時的熱鬧氛圍。

有唐一代宴會之盛，在中國古代史上獨占鰲頭。可以說，高桌大椅的流行與人們坐姿的轉變成就了大唐宴會的風靡。

七、一盞山茗洗塵心

在我的家鄉台州溫嶺，人們很少飲茶，而祖母卻有製茶出售的習慣。我十五歲之前，她經常揹負竹籃隻身前往離家不遠的山上採茶。她所採的茶葉，並非自家所種，而是被陸羽列為上品的野生茶葉。採茶歸來之後，她精心挑揀以去除雜質與野草，再用柴灶上的大鐵鍋烘炒。每逢趕集的日子，祖母隨身攜帶製好的茶葉到集市出售，卻並不似期待中那般頃刻售罄。因茶有提神醒腦的功用，飲用之後影響夜間睡眠，故鮮有問津之人。後來，她的鬻茶事業只能作罷。過了數年，茶葉中細如米粒的嫩尖兒能賣到五十塊錢一斤。每每提及此事，她總是一臉惋惜。

我與茶的初次邂逅是在十多歲那年的一個夏日午後，和同窗密友在自家庭院裡的葡萄架下閒坐，喝茶、談天。茶葉當然是祖母親手採摘製作的，朋友飲後拍案叫絕，想來她早有飲茶的習慣。其實，那時的我並不懂茶，記憶中，清透黃瑩的茶水中浮蕩著幾抹嫩綠，入口微澀，細品回甘，其味清絕。

昔年，二叔帶上所有的積蓄，孤注一擲地攜妻奔赴省會杭州，盤下一家茶葉店經營西湖龍井。後來小店變大店，一家變數家。每次回鄉，二叔總要捎回幾罐茶葉，我所飲的綠茶自然而然地就變成西湖龍井。

龍井產於西湖附近的獅峰、龍井、五雲山、虎跑一帶的群山之中，歷史上曾分為「獅、龍、雲、虎」四個品類，以「色綠、香郁、味醇、形美」四絕著稱，形狀光扁平直，色澤嫩綠光潤，茶湯清澈透亮，略有清苦，回味甘鮮，清香不俗。西湖龍井按外形和品質的優劣列為八級，以產自西湖區梅家塢古村的最擅勝場。

兩年前我去安徽，聽說某些人偏好這樣一種香豔的茶葉：清明雨前的茶葉由婚前少女負責採摘，並將採好的茶葉置其胸前，於是處子的香汗徐徐地沁入茶中，遂冠以「處女乳香調豔茶」之名，品茗的命意竟至如此淺薄。傳說，昔年清代乾隆皇帝遊幸杭城，當地曾遣十八位妙齡少女為其採茶，卻未曾聽聞要置於胸前那般不堪，也許明前龍井有女兒紅的美譽便來源於此。

杭州產茶的歷史記載可遠溯至唐代，陸羽在《茶經》中有「錢塘生天竺、靈隱二寺」[69]的記載，錢塘即今天杭州一帶的古地名。天竺三寺、靈隱寺距今天的龍井大約二公里，三者都位於西湖的西面。西湖龍井茶之名始於宋，聞於元，揚於明，盛於清。清乾隆遊幸杭州西湖時，盛讚西湖龍井茶，將位於獅峰山下胡公廟前的十八棵茶樹封為「御茶」。民國期間，西湖龍井茶成為名茶之首，直至今天。

「俗人多泛酒，誰解助茶香。」[70]品茗，遠比飲酒風流儒雅。飲茶可靜心獨坐，淺斟低唱、怡人心神；亦可邀故友新知聚眾同飲，談天說地、暢快淋漓。

飲茶的意趣在於啜茗時的心境，或細啜細品，或鯨吸牛飲，隨心所欲，各有妙處。「一杯為品，二杯即是解渴的蠢物，三杯便是飲驢了。」[71]此為妙玉對寶玉的諧謔之言而已。李時珍早年就有「每飲新茗，必至數碗」[72]的飲茶習慣。茶，一杯淡，二杯香，三杯醇，四杯韻尚存。

茶可雅心，茶可行道。品茗，更多的是對人生的一種參悟。縱情於青山綠水之間，煮茶品茗、撇蘭擷竹、吟風詠月、世外高蹈、枕石聽風，可如此抒情遣懷一番。不過，無論身處何方，只要香茗在手，高雅清逸之氣盡在其內。於清幽閒暇中捧茶入定，清茶一杯，湯澈葉翠、香高味長。幾縷茶霧繚繞上升、清純嫻雅、輕盈纖美。呷上一口，一絲荒野的氣息漸漸地從鼻端沁入咽喉，直到心底。透過一葉香茗，如畫山川、林籟泉韻、燕語鶯啼、空谷幽蘭……自然界之意趣皆穿牖而來，此時即使沒有詩卷與絲竹在側，四美已具。

茶的脫俗氣質使人浮想聯翩，更有文人將其比作女子。正如《詩經》所云，「有女如茶」。蘇軾亦言，「從來佳茗似佳人」。茶似女子，曼妙溫婉。女子如茶，濃淡相宜。唐人元稹有一首《茶》詩，更是娓娓道出了茶的絕妙之處：

茶

茶葉，嫩芽。

慕詩客，愛僧家。

碾雕白玉，羅織紅紗。

銚煎黃蕊色，碗轉麴塵花。

夜後邀陪明月，晨前命對朝霞。

洗盡古今人不倦，將知醉後豈堪誇。

73

註釋

1 陸羽（約為西元七三三—八〇四年），唐代茶學專家、文學家。字鴻漸，又字季疵，一名疾，自稱桑苧翁，又號東岡子、竟陵子。復州竟陵（治今湖北天門）人。
2 〔唐〕陸羽：《茶經》捲上《一之源》，宋百川學海本。
3 〔唐〕陸羽：《茶經》捲上《七之事》。
4 〔唐〕陸羽：《茶經》卷下《五之煮》。
5 〔唐〕陸羽：《茶經》捲上《一之源》。
6 〔唐〕陸羽：《茶經》捲上《一之源》。
7 〔唐〕陸羽：《茶經》卷下《六之飲》。
8 位於今天浙江省北部，浙江八大水系之一，是太湖流域的重要支流。
9 〔唐〕陸羽：《茶經》卷下《九之略》。
10 以產於剡縣（今嵊州）而得名。西晉張華《博物志》載：「剡溪古藤甚多，可造紙，故即名紙為剡藤。」
11 即以敗棄朽木為薪。典出春秋時師曠與晉平公的對話，詳見《隋書・王劭傳》。
12 〔五代〕梁藻：《南山池》，《全唐詩》卷七百五十七。
13 〔五代〕貫休：《寄懷楚和尚二首》，《全唐詩》卷八百三十一。
14 〔北魏〕酈道元：《水經注》卷十三，清武英殿聚珍版叢書本。
15 以巨大的竹子和紗絹為材料製成，相當於篩子。
16 以竹節或上漆的杉木為原材。
17 十字形，用來支撐煮茶器具。
18 鍑，釜之大口者。

19 〔唐〕陸羽：《茶經》卷下《五之煮》。

20 唐代貞元年間（西元七八五—八〇五年），陸羽隱居虎丘，親自到山上挖了一口井，專門研究泉水水質對煎茶的影響。因虎丘泉水質清洌甘美，被唐代的品泉專家劉伯芻譽為「天下第三泉」。

21 〔唐〕陸羽：《茶經》卷下《五之煮》。

22 用瓷製作，形似盒子。

23 即筷子，常取材於桃木、柳樹、蒲葵木或柿子樹的木心，兩頭用銀包裹。

24 〔唐〕陸羽：《茶經》卷下《五之煮》：「沫餑，湯之華也。華薄者曰沫，厚者曰餑，細者曰花。」

25 治所在會稽（今紹興，唐後分置山陰）。轄境相當今浙江浦陽江（義烏除外）、曹娥江流域及餘姚市。

26 大體為今天陝西富平縣、涇陽縣一帶。

27 治所在今金華。唐轄境相當今浙江武義江、金華江流域各縣。

28 窯址在今湖南嶽陽市境內。

29 大致為今安徽淮南市、六安市、壽縣、霍山縣一帶。

30 唐轄境相當於今江西修水、錦江流域和南昌、豐城等地。

31 〔唐〕陸龜蒙：《祕色越器》，《全唐詩》卷六百二十九。

32 〔宋〕趙令畤：《侯鯖錄》第六，清知不足齋叢書本。

33 〔清〕藍浦：《景德鎮陶錄》卷七，清嘉慶刻同治補修本。

34 〔唐〕陸羽：《歌》，《全唐詩》卷三百九。

35 〔唐〕陸羽：《陸文學自傳》。〔清〕董誥：《全唐文》卷四百三十三，清嘉慶內府刻本。

36 〔唐〕陸羽：《陸文學自傳》。

37 上元元年為西元七六〇年。

38 楚狂，即楚人陸通，字接輿。昭王時，政令無常，他為求不仕，於是披髮佯裝瘋狂，時人謂之楚狂。後常用為典，亦作為狂士的通稱。

39 釋皎然，俗姓謝，今浙江湖州長興人，是中國山水詩創始人康樂公謝靈運之十世孫。釋皎然和另外兩位詩僧貫休、齊己齊名。

40 〔唐〕陸羽：《陸文學自傳》。

41 〔唐〕釋皎然：《尋陸鴻漸不遇》。〔五代〕韋穀：《才調集》卷九《古律雜歌詩一百首》，四部叢刊景清錢曾述古堂景宋鈔本。

42 〔晉〕陶潛：《飲酒二十首・其五》，《陶淵明集》卷第三，宋刻遞修本。

43 〔唐〕賈島：《尋隱者不遇》。〔宋〕蔡正孫：《詩林廣記・後集》卷九，清文淵閣四庫全書本。

44 〔唐〕陸羽：《陸文學自傳》。

45 盧仝（約為西元七九五—八三五年）。

46 西元八三五年。太和，又作「大和」。

47 〔唐〕賈島：《哭盧仝》，《全唐詩》卷五百七十一。

48 〔清〕王士俊：《（雍正）河南通志》卷四十九，清文淵閣四庫全書本。

49 〔唐〕盧仝：《走筆謝孟諫議寄新茶》，《全唐詩》卷三百八十八。

50 〔唐〕陸羽：《茶經》卷下《六之飲》。

51 〔宋〕鄧名世：《古今姓氏書辨證》卷一，清文淵閣四庫全書本。姜水即今寶雞境內。

52 〔宋〕羅泌：《路史》卷十二《後紀》三，清文淵閣四庫全書本。茶鄉之尾即今湖南省株洲市炎陵縣境內。

53 〔唐〕陸羽：《茶經》卷下《六之飲》。

54 治所在今天的湖北江陵。

55 治所在今天的重慶一帶。

56 徐海榮主編：《中國飲食史》（卷三），頁三七五。

57 西元八二七—八三五年。
58 劉修明：《中國古代的飲茶與茶館》，商務印書館，一九九五年六月第一版，頁九一。
59 劉樸兵：《唐宋飲食文化比較研究》，中國社會科學出版社，二〇一〇年十一月，頁三〇六—三〇七。
60 〔明〕許次紓：《茶疏》，民國景明寶顏堂祕籍本。
61 西元七一三—七五六年。
62 〔唐〕李吉甫：《元和郡縣誌》卷二十六，清武英殿聚珍版叢書本。
63 西元七八五—八〇五年。
64 〔唐〕張文規：《湖州貢焙新茶》，《全唐詩》卷三百六十六。
65 西元七一三—七五六年。
66 今湖南龍山。
67 徐海榮主編：《中國飲食史》（卷三），頁三八〇。
68 本名安康郡。
69 〔唐〕陸羽：《茶經》卷下《八之出》。
70 〔唐〕釋皎然：《九日與陸處士羽飲茶》，《全唐詩》卷八百十七。
71 〔清〕曹雪芹：《紅樓夢》第四十一回《賈寶玉品茶櫳翠庵，劉老老醉臥怡紅院》。
72 〔明〕李時珍：《本草綱目》卷三十二。
73 〔唐〕元稹：《一字至七字詩·茶》，《全唐詩》卷四百二十四。

第八章　玉碗盛來琥珀光

在影視作品中，我們時常可以看到「古人」們喝酒的場面：一位彪形大漢端起裝滿透明液體的粗瓷大碗，豪情萬丈地說道：「先乾為敬！」隨後便仰脖「咕咚咕咚」地灌下去，將碗中之物乾掉，再用袖子將嘴角溢出的液體隨手一揩。然而，無論以哪個時代為背景的影視作品，所謂的酒總是晶瑩剔透。試問，古代的酒全都透明如水嗎？

一、李白成為「酒仙」的真相

「天有酒星，酒之作也，其與天地並矣。」[1]此說固然帶有神話色彩，卻也道出古人釀酒的歷史年深歲久。據傳，殷商人極嗜酒，紂王曾經「以酒為池，懸肉為林」[2]，「為長夜之飲」[3]。後世出土的殷朝酒器甚多，證明彼時飲酒之風大作。然而，酒又何止是殷人特有的嗜好呢？歷朝歷代，貪杯豪飲之人不乏少數，這在古代浩如海的文學作品中可窺一斑。

古代的酒大多是黍、秫[4]等糧食煮爛後加酒母釀製而成，成酒週期短，且大多未經蒸餾，或多或少有點混濁。不僅如此，古人所飲之酒大多還是色彩斑斕的，唐代的酒也毫不例外。

唐人所飲之酒，有很大一部分是酒體顏色發綠的濁酒，即白居易詩中所云的「綠蟻新醅酒，紅泥小火爐」[5]。我國古人曾長期飲涼酒，不過，到了唐代，飲溫酒之風漸盛。用小火爐的文火燙酒，既可滅菌，亦能保留醇香。如果新釀之酒未經濾清，酒渣就會浮在表面，其色微綠，細小如蟻，故稱作綠蟻酒。此酒在釀造過程中，細菌與微生物悄然混入，它們便是讓酒呈現綠色的「元凶」。綠蟻酒價格低廉，因而比較親民。

但是，並非所有綠色的酒都是下品酒，魏徵所釀的醽醁與翠濤就是綠酒中的極品。李世民還曾親自賦詩一首稱歎：「醽醁勝蘭生，翠濤過玉薤。千日醉不醒，十年味不敗。」[6]蘭生即漢武帝宮中的百味旨酒，玉薤是指隋煬帝時期的名酒。據說時至今日，魏徵故里還傳頌著一支歌謠：

天下聞名魏徵酒，芳香醇厚譽九州。
百年莫惜千回醉，一盅能消萬古愁。

酒體顏色呈綠色，與唐人在酒名中慣用的「春」字相得益彰。唐代以春為名的美酒數不勝數，諸如金陵春、羅浮春、竹葉春、曲米春、梨花春、若下春、石凍春、土窟春、燒春、九壇春、松醪春、富水春、含春王，以及拋青春等，尤其是拋青春的美名，灑脫地氣衝霄漢，同時又淡然得異乎尋常。唐代韓昌黎先生有詩云：「百年未滿不得死，且可勤買拋青春。」[7]青春的滋味，有著微醺時的飄飄欲仙，更多的是酩酊大醉後的酣暢淋漓之感。

除綠酒以外，唐代還有琥珀色的美酒。若是製酒環境較佳，釀酒師在釀造時較為用心，如此，酒麴與酒液的純度能得以較好地保持，開封後的美酒濃膩黏稠，呈現華貴典雅的琥珀色。唐詩中的「酒光紅琥珀，江色碧琉璃」[8]，「琉璃鍾，琥珀濃，小槽酒滴真珠紅」[9]，「蘭陵美酒鬱金香，玉碗盛來琥珀光」[10]，皆為此。

至於今天酒桌上習以為常的高濃度烈性白酒，唐人絕對聞所未聞。唐代尚未出現蒸餾技術，他們的酒酒精度偏低，所以這些酒並非我們想象中那般濃醇辛辣。因而，酒仙李白假如有機會與現代人拼酒豪飲，或許不少酒徒都能輕而易舉將他灌得東倒西歪。可以說，彼時的牛飲考驗的是胃容量，並非肝功能。

這是什麼原因造成的呢？原來，那是由於酒醪中的酒精濃度達到二十％以後，酵母菌就不再發酵，因此釀造酒的酒精含量一般在十八％左右。[11]

古代淡酒的濃烈程度也有所不同，一宿即可釀成的酒稱醴，這就是「小人之交甘若醴」中所謂的醴，其味甘甜，酒勁不足。

比醴稍加醇厚的酒叫作醪，唐憲宗曾把一種名曰「換骨醪」的美酒視為上品。司馬遷的《史記》中記載了一樁以醇醪收場的公案。西漢初年，袁盎被吳王軟禁，看守者恰巧是與他有一定淵源的校尉司馬。司馬傾其所有，採辦了滿滿兩石醇醪，帶到袁盎的關押之處。適逢天寒地凍，士卒們飢渴難耐，看到醇醪猶如天降甘霖，迫不及待地狂喝猛灌一通，頃刻間醉得橫七豎八。袁盎仰仗醇醪越獄，萬幸至極，因為吳王預備次日就將他斬首。

歷時較長，經過多次加工的酒叫作酎。許嘉璐先生認為，酎與春酒實屬一物，春酒即冬釀製，夏始成之酒。但是，「春酒」這一概念尚有爭議。在漢代，春酒釀成後，天子用於敬獻宗廟，是為「飲酎」之祭。漢初規定，每年在長安舉行獻酎、飲酎之時，各諸侯王國要按封國人口貢獻黃金助祭。漢武帝統治時期，天子以各諸侯國所獻酎金的分量不足或成色不佳為由，王國遭到削縣，侯國被免國，這就是史上重創分封制的「酎金奪爵」。

比起醪、酎，醲更為腥醲肥厚。但無論怎樣，醲的濃烈依然不及後世的白酒。明代李時珍一語道破天機：「燒酒，非古法也，自元始創之，其法用濃酒和糟入甑蒸，令氣上，用器承取滴露。」[12]李時珍所謂的燒酒，「清如水，味極濃烈，蓋酒露也」[13]，即今天人們所熟知的白酒，採用蒸餾法所製。經過蒸餾提純後的酒，酒精含量可達六十％以上。

所以，歷史上相當長的一段歲月，古人所飲之酒並非清透如水，清亮剔透的高濃度白酒是元代以後的事了。烈性白酒產生之初，人們並不習慣，甚至被視為「有大毒」，「飲之令人透液而死」。但是，時下已然是烈性酒的天下。

二、唐代三大洋酒

大唐帝國大到專業酒坊，小至尋常百姓家皆可自行釀酒。針對日漸發達的釀酒業，政府實行「官私兼營」的政策，官方特設釀造機構——良醞署，民間更有充分地自由去從事與釀造業相關的行業。勤懇睿智的大唐子民亦具備充足的財力與精力去醞釀醇馥幽鬱的瓊漿玉液，創作怡情悅性的珠璣之作。

大唐宮廷內的祭祀以及宴飲用酒主要由光祿寺下設的良醞署負責釀造。御酒中，名聲遠播的諸如春暴、秋清、酴醿、桑落等酒。[14]為滿足皇室用酒，長安城內集中了部分官營酒坊，現代考古發掘的宣徽酒坊便是其中之一。

唐前期，除長安城內設有功能齊全的官營酒坊外，地方州縣也有零星分布。唐代宗統治時期，國家開始全面徵收酒稅，並針對專業酒戶的級別進行劃分。德宗建中年間[15]，稅酒制度轉變為榷酒制，由官方壟斷釀酒業。

這些官方或民間的釀造機構釀製出不計其數的美酒品種，《唐國史補》對大唐各地享譽四方的佳釀進行了羅列：

郢州之富水，烏程之若下，滎陽之土窟春，富平之石凍春，劍南之燒春，河東之乾和葡萄，嶺南之靈溪，博羅、宜城之九醞，潯陽之湓水，京城之西市腔、蝦蟆陵、郎官清、阿婆清，又有三勒漿類酒，法出波斯。[16]

南方的郢州富水、烏程若下、嶺南靈溪與博羅、宜城之九醞，想必都是稻米所釀之酒，京城長安的西市腔、蝦蟆陵、郎官清、阿婆清，大多為產自北方的穀物所制。河東的乾和葡萄，事實上就是今人再熟悉不過的葡萄酒。唐代的河東道為唐貞觀元年[17]置，轄境在黃河之東，故名河東，其基本地域在今山西省和河北省西北部。河東的地理環境與氣候條件格外適宜葡萄的生長繁榮，於是該地成為中原一大葡萄酒產區，河東乾和葡萄的大名深入人心。這裡的乾和，特指一種不摻水的釀酒法。此外，涼州也是葡萄酒的主要產區，《涼州詞》的開篇就提及：「葡萄美酒夜光杯。」

葡萄酒、龍膏酒和三勒漿為長安三大域外特色的名酒，是大唐權貴們所嗜之酒。

葡萄原非中土物產，西漢張騫出使西域後，中國才開始種植葡萄。當年，張騫出使西域，發現大宛諸國用葡萄釀酒，富人們藏酒萬餘石，經久不壞。之後，大漢使者將葡萄引進本邦。

在漢代，葡萄酒十分珍貴，甚至可以以此來買官。東漢時期的孟佗，善於阿諛取容，曾先對權宦張讓施以金銀財寶，後又以「葡萄酒一斛遺讓」[18]。當時的一斛，相當於現在的二十升。[19]區區一斛葡萄酒，竟成了涼州刺史這一高位的敲門磚。

三國時期，魏文帝曹丕對葡萄酒已經瞭如指掌，他說葡萄酒比中原的米酒甘甜，且更易醉。然則，當時的葡萄酒僅限於王公貴族飲用，尋常百姓絕無此口福。

唐代的出土文物中，飾有葡萄紋花樣的器物數不勝數。葡萄是高昌地區的特產，現今存世的文書中有諸多葡萄園券，如新疆阿斯塔納二十四號墓《高昌延昌酉歲屯田條列得橫截等城葡萄園頃畝數奏行文書》，一四〇號墓《高昌張元相買葡萄園券》及三二〇號墓《高昌張武順等葡萄園畝數及租酒帳》都有涉及。

葡萄酒是西域之酒，「前代或有貢獻，人皆不識」。[20]唐代之前，中土未見有本國釀製的葡萄酒，基本仰賴於域外供應。直到唐初太宗破高昌[21]時，得馬乳葡萄種子，植於苑中。葡萄成熟以後用高昌之方釀造，太宗親身監製，釀出八種葡萄酒。太宗將之御賜群臣飲用，此後，「京師始識其味」[22]。

葡萄酒「芳辛酷烈、味兼緹盎」[23]，一旦入肆，便深得大唐百姓之所愛。吳地百姓視之同黃金所製的酒器金叵羅一樣珍貴，兩者都可作為女子的嫁奩，李白曾目睹吳地女子出嫁時的盛況：

蒲萄酒，金叵羅，吳姬十五細馬馱。
青黛畫眉紅錦靴，道字不正嬌唱歌。

玳瑁筵中懷裡醉，芙蓉帳底奈君何。[24]

當然，後兩句顯然是詩人腦海中所浮想聯翩的場景。唐代人的雄性氣質相當顯著，馬匹是他們最常用的交通工具。無論男女，出行皆好以馬匹為坐騎。至於女子，更以身著男裝、腳蹬良駒為風尚，想來女子騎著高頭大馬出嫁也不是什麼新鮮事。

唐代騎馬女俑。國立故宮博物院藏品。

龍膏酒自伊朗高原東部的西域國家烏弋山離而來，是一種以鱺魚為主料的養生藥酒。此處所謂的龍膏，應當是指鱺魚。龍膏酒黑如純漆，喝完可令人神爽。率領大唐子民步入「元和中興」的唐憲宗，曾得八罇龍膏酒，此酒可調養氣血，滋心養肺，壯筋骨、驅溼邪，還能輕身延年。據說，憲宗飲後頓覺神清氣爽，飄飄欲仙，遂將之視為奇寶，定為酒中上品，收藏於金瓶之內，瓶上還特意遮蓋明黃色的御用手帕，不許旁人染指。每逢宴請貴賓時，憲宗才會取用，且每次飲用必以珍愛的白玉盞相襯。

三勒漿源於波斯，由菴摩勒、毗梨勒以及訶梨勒三種果實所釀，故謂之三勒。[25]菴摩勒清熱利咽，潤肺化痰，生津止渴；毗梨勒主治風虛熱氣，功效與菴摩勒近，還能止瀉痢，研成漿染鬚髮，可使其變黑；訶梨勒亦作「訶黎勒」，張仲景的《金匱要略》稱其可利氣。因而，三勒漿是一種不可多得的養生藥酒。

中國有一種名喚「三勒漿」的考前神藥。記得初中升學考試之前，母親特地去買了一盒三勒漿。事隔十來年，我仍清楚地記得，當時的三勒漿七塊錢一小瓶，一盒只有三四瓶。如今看來，區區幾十塊錢，但在十餘年前，特別是在彼時捉襟見肘的日子裡，一次喝掉七塊錢，還是略顯奢侈。三勒漿裝在棕色的玻璃瓶內，以酸澀為主，其間夾雜著些許甜味，這或許便是求學之路的滋味吧。不過，此三勒漿與來自域外之三勒漿，兩者風馬牛不相及。

三、大唐版「太陽馬戲團」

唐代的吟酒詩多如牛毛，其中亦不乏涉及酒具的詩句，譬如，「蘭陵美酒鬱金香，玉碗盛來琥珀光」[26]；「葡萄美酒夜光杯，欲飲琵琶馬上催」[27]；「鸕鷀勺，鸚鵡杯，百年三萬六千日，一日須傾三百杯」[28]。詩中提及的玉碗、夜光杯以及鸚鵡杯等，不少人耳熟能詳。此外，注子、山樽、酒船、荷葉盞、瑪瑙杯、金叵羅等酒器也時常見諸詩篇。

此處的注子，又稱注子、注壺、扁提、執壺，就誕生於隋唐時期。注子，顧名思義，是一種可以將酒注入杯中的酒器，形狀與功能相當於酒壺。

酒壺已備，那酒杯呢？唐代的酒杯種類豐富，其中一種為銀器所鑄的酒船，大概是古代文人對船型酒具的雅稱。宋代長安人王讜在《唐語林》中記錄了唐玄宗李隆基未登基前的一樁軼事：中宗景龍年間[29]，二十出頭的李隆基還在擔任潞州別駕時，曾「連飲三銀船，盡一巨餡」[30]。

李隆基所用的銀船尚未見到實物，不過仍有跡可循。北宋有一件酒船——銀鎏金摩羯酒船傳世，此物通高十四．八公分，長三十四公分，足以容納一升美酒，造形以摩羯與船融合而成。摩羯形象傳神，捲鼻、怒目、獨角，兩翼聳立，其背部為船艙、船篷、船尾，十分精巧地將外形與功能有機地結合在一起。這種形制的酒船相當罕見。

唐人的飲酒器具，既有利用玉器、金銀、瑪瑙、水晶、玻璃、象牙等製成的代表高貴身分的奢華酒具，也有獸角、蚌貝、蝦殼等物創製的奇異酒具，還有憑藉植物自然生長出來的藤、竹木、匏瓜等開發的質樸酒具，尋常百姓最常使用的是以陶瓷、青銅打造的普通酒具。

很多酒器因選材考究、造形獨特、工藝精湛而為時人典藏。唐太宗李世民的曾孫李適之，府中藏有九種珍稀的酒器，分別為蓬萊盞、海川螺、舞仙盞、瓠子卮、幔卷荷、金蕉葉、玉蟾兒、醉劉伶，以及東溟樣。「蓬萊盞上有山、象、三島，注酒以山沒為限。舞仙盞有關捩，酒滿則仙人出舞，瑞香球子落盞外。」[31]

這幾件珍品，一聞其名，便知匠心獨具、妙不可言。海川螺、幔卷荷、金蕉葉、玉蟾兒和東溟樣，大多皆以其形狀或質地命名。蓬萊盞與舞仙盞，所謂的盞是一種用來盛裝的日常器皿，現在南方的方言裡還有如茶盞、燈盞、一小盞等此類的日常用詞，北方用得較少。舞仙盞所設的關捩，大概是一種能轉動的機械裝置。

至於醉劉伶，顯然與魏晉時期的「竹林七賢」之一——劉伶有關。劉伶出門乘坐鹿車，隨手攜一壺美酒，還請一位扛著鋤頭的壯漢尾隨其車，他宣稱「死便埋我」[32]。劉伶經常縱情狂歡，放浪形骸，有時赤身裸體地呆在房裡。有人見狀後便譏笑他，劉伶對曰：「我以天地為房屋，以房屋作衣褲，諸君為何鑽入我褲襠之中？」[33]

劉伶因狂飲無度而致病，每日焦渴難耐，卻又向妻子索酒喝。妻子棄酒毀器，向其泣諫務必要戒酒。劉伶說道：「很好。我發誓一定戒酒，但委實不能自已，只有祝禱鬼神請求幫助，那你現在就去備辦酒肉吧。」隨後，妻子供酒肉於神前，請劉伶告神立誓。劉伶跪地祝告道：「天生劉伶，以酒為名，一飲一斛，五升解酲，婦人之言，慎不可聽！」[34]繼而飲酒進肉，爛醉如泥。

「千古醉人」劉伶還與「釀酒師祖」杜康有著一段奇聞。

一日，劉伶從杜康所經營的酒樓前經過，見門上貼著一幅對聯，上面書有「猛虎一杯山中醉，蛟龍兩盅海底眠」，橫批為「不醉三年不要錢」。劉伶不禁付之冷笑，隨即邁進酒樓。杜康盛情款待，頻頻舉杯相敬。誰料，才三杯下肚，劉伶已然天旋地轉，趔趄著回家去了。

三年後，杜康到劉伶家索要酒錢，卻聽聞劉伶已去世三年的消息，劉妻還叫嚣著要與杜康打官司。然而，杜康淡淡地笑道：「劉伶未死，只是醉過去了。」於是，他們到墓地開棺一看究竟。此時，恰好劉伶醉意已消，他睜開睡眼，伸伸懶腰，還打了一個大呵欠，霎時噴出一股迷人的酒香，意猶未盡地歎賞道：「好酒，真香啊！」此為民間流傳的「杜康造酒醉劉伶」的典故。「一醉三年」，顯然只為渲染杜康釀酒技藝的超絕塵寰而已。以醉劉伶為酒器名，極妙！

這九件珍異酒具的主人李適之，為唐代聞名遐邇的「酒八仙」之一。酒八仙指唐代嗜酒的八位名人，成員有李白、賀知章、李適之，汝陽王李璡、崔宗之、蘇晉、張旭以及焦遂。[35]詩聖杜甫在《飲中八仙歌》一詩中對這八位酒仙的醉態與才情驚詫不已：

賀知章本為吳地人士，吳人善乘舟。他酒後騎馬，晃晃悠悠地像在乘船，自謂「醉中自得」，不料，兩眼昏花，一腳踩空，撲通一聲墜入井底，竟然還在裡面安睡，卻自言「醉後忘軀」。

汝陽王李璡酒過三斗才去覲見天子，路上偶遇裝載酒麴的車馬，沁人心脾的酒香使他涎饞直流，恨不得向天子奏請改封至水味如酒的酒泉。

左相李適之酒興一高，為過足酒癮，他常常不惜日耗萬餘錢。李適之牛飲如巨鯨吸納百川之水，宣稱舉杯痛飲是為逃避政事，只求讓賢。

崔宗之是一位丰姿超逸的英俊少年，舉觴豪飲時，常以白眼傲視青天，睥睨一切，醉後的搖曳之態有如玉樹臨風。據傳，阮籍能作青白眼，以青眼視友人，以白眼看俗人。崔宗之竟以白眼視天，比阮籍更為狂傲。

蘇晉耽禪持齋，卻仍好飲，經常醉酒，處於齋與醉的矛盾中，「佛」卻往往被酒壓倒，只得選擇醉中逃禪。

醉聖李白是一位豪放不羈的曠世奇才，典故「夢筆生花」[36]與「粲花之論」[37]皆與他有關，人稱「斗酒詩百篇」。有一次，玄宗在沉香亭召其賦詩，而他卻酣醉而臥於長安的酒肆中。玄宗泛舟白蓮池，召李白作文章。但是，李白因自己酩酊而不肯上船，命大將軍高力士扶上舟，且自稱是酒中之仙。

酒後的張旭，豪情奔放，號呼狂走，索筆揮毫作書，絕妙的草書自他的筆尖揮灑而出，世人稱為草聖。他不矜細行，無視權貴的威嚴，在王公貴戚面前脫帽露頂，此舉是何等倨傲不恭。張旭的草書筆走龍蛇，若得神助，字跡如雲煙般舒捲自如。

詩中殿後的是焦遂。焦遂為一介布衣，飲酒五斗後方見微醺。此時的他愈發神采奕奕，高談闊論，滔滔不絕，其卓絕見識與雄辯之才總是語驚四座。

八位酒仙都曾經生活在大唐，長安是他們的舞臺。嗜酒如命、才華蓋世、傲視獨立是他們的共同特質。塵凡中有多少人心為形役，人生貴得適意，得放手時須放手。

時至千餘年後的今天，李適之珍藏的九件罕見酒器已難覓其蹤。慶幸的是，大唐存世的精品酒器屢見不鮮，此處僅舉數例而論。

陝西歷史博物館的唐代舞馬銜杯紋銀壺堪稱無價之寶。區區一個銀壺為何如此珍貴？這就要從唐玄宗李隆基說起。

玄宗在位後期驕奢淫逸，縱情於聲色犬馬之中。前文述及，杜甫曾作「國馬竭粟豆，官雞輸稻粱」這樣的詩句褒貶玄宗舞馬與鬥雞的行徑。如此看來，相較於某些歷史時期，大唐朝的輿論頗為自由。天寶年間[38]，宮中馴馬四百匹。每逢八月初玄宗的「千秋節」，皇宮都要舉行隆重的壽宴。天子接受文武百官、外國使臣和少數民族首領的朝賀，並以舞馬助興。舞馬銜杯紋銀壺上的駿馬形象正好與歷史記載相互印證。

昔年萬眾矚目的壽宴上，舞馬們披金戴銀、絢爛登場，伴隨著《傾杯樂》的節拍，躍然起舞，舞姿翩翩。每至高潮迭起時，舞馬們騰空躍到極高的板床上旋轉如飛。同時，領頭的那匹舞馬銜起盛滿美酒的杯子至玄宗駕前祝壽，花樣百出，精妙絕倫。「屈膝銜杯赴節，傾心獻壽無疆」[39]，「聖皇至德與天齊，天馬來儀自海西。腕足齊行拜兩膝，繁驕不進蹈千蹄。髤髵奮鬣時蹲踏，鼓怒驤身忽上躋。更有銜杯終宴曲，垂頭掉尾醉如泥」[40]，此為唐代名相張說對宮廷舞馬的鮮活描摹。

安史之亂爆發後，唐玄宗棄城而逃，唐宮盛宴難再，而這批舞馬亦散落在安祿山的一名大將田成嗣之手。一次，田成嗣軍中宴樂，舞馬隨著樂聲翩然起舞，眾將士見狀誤以為是妖孽作祟，便將舞馬們活活鞭打致死。

舞馬銜杯紋銀壺通體呈扁圓形，模仿中國北方馬背民族契丹族的皮囊壺而製。壺蓋為錘揲成形的覆式蓮瓣形，頂端正中鉚一個銀環，環內套接一條銀鏈，並與弓形提樑相連。壺身用一整塊銀板打造，以模壓之法在壺腹兩面模出兩匹奮首鼓尾、銜杯匐拜的舞馬形象，再將兩端黏壓焊接，反覆打磨至平整，幾乎未見焊接的痕跡。

安史之亂後，盛極一時的舞馬銜杯宮廷祝壽舞在歷史上永遠地銷聲匿跡了，然而此壺卻是大唐王朝盛衰興廢的最佳見證。

從文獻記載來看，唐代貴族以追求新奇為時尚，而不少出土的器物也驗證了大唐崇尚胡風，追逐新奇的社會潮流。大唐傳世器物的另一個特色便是雍容華貴、富麗堂皇。這兩大特徵在宴飲方面的體現尤為顯著。

在唐前期社會上層的墓葬壁畫中，經常出現一種流口形若鶴喙的帶執長瓶，即唐人所謂的鶴嘴瓶，如新城公主墓、燕妃墓、安元壽墓、節愍太子墓各有一隻，房陵公主墓則有兩隻。然而，考古界卻尚未提供唐代鶴嘴瓶的實物。

儘管如此，鶴嘴瓶還曾現身於唐代文獻《雲仙雜記》中：「龍山康甫慷慨不羈，每日置酒於門，邀留賓客，不住者贈過門錢，日費酒者鶴嘴瓶二十。」[41]這條記載恰好與唐墓壁畫相互印

唐代白釉加彩侏儒胡人陶俑。
國立故宮博物院藏品。

證。毋庸置疑，唐時的鶴嘴瓶被當成一種置酒的容器，此為線索一；學界認為，當年的康姓人物極可能來自今天烏茲別克斯坦的撒馬爾罕，此為線索二。因而，所謂的鶴嘴瓶是一種曾經出現於唐代，且有著一定西方淵源的酒器。

無獨有偶。在唐前期的帶執長瓶裡，還有一種流口較短，形如鳳頭的器物。它比鶴嘴瓶更為常見。據學者研究，這種鳳首瓶可能就是唐人所指的胡瓶。[42]胡瓶與鶴嘴瓶一樣，它們都流行於唐代前期的社會上層中，兩者造形相似，其最大的區別在於流口的長短，故專家據此猜測，鶴嘴瓶或許只是胡瓶中的一種。

古人宴集之時，常以行酒令為樂。唐代產生一種俗名為「酒胡子」的行酒令器具。酒胡子貌似碧眼捲髮的胡人，頭輕腳沉，翻倒後可自行站立。行酒令時，轉動此物，待其停止旋轉之際，酒胡子的手所指的那位賓客難逃罰酒的命運。詩人元稹對酒胡子有過詳細的刻畫：

遣悶多憑酒，公心只仰胡。
挺身唯直指，無意獨欺愚。[43]

四、大唐酒家人間事

（一）調笑酒家胡

大凡唐之前的酒肆規模較小，至唐代，各個城市中頗具規模的酒樓與日俱增，巍峨的酒樓在城內分外引人注目，大大小小的酒店星羅棋布。為招攬生意，酒肆經營者們煞費苦心、招式百出：或在店門口高懸酒旗，或雇傭青春女子當壚沽酒、與客陪飲，以及借樂舞助興等。

酒旗是唐代一種常見的營銷方式，相當於現代的招牌或者廣告牌。「千里鶯啼綠映紅，水村山郭酒旗風」[44]，「依微水戍聞鉦鼓，掩映沙村見酒旗」[45]。高懸酒旗，人們無需東尋西找就能發現附近的酒家。

今天的服務行業中，聘請年輕貌美女子的店家不乏少數，實際上這種營銷思路早在唐代便已廣泛存在。陸龜蒙的「錦里多佳人，當壚自沽酒」[46]，以及白居易的「軟美仇家酒，幽閒葛氏姝。十千方得斗，二八正當壚」[47]，這些詩句正是對酒家老闆雇傭美人們當壚沽酒的吟誦。

大唐詩人們對酒肆中的胡姬形象更是偏愛到無以復加的地步，李白的「胡姬貌如花，當壚笑春風。笑春風，舞羅衣，君今不醉將安歸」[48]即為此。風姿綽約、膚如凝脂的胡姬們能歌善舞，在琵琶、胡琴、篳篥、箜篌等西域樂器的伴奏下，或一展歌喉，或裙袂飛揚，讓不少人為之駐足。

大唐境內的胡商絡繹不絕，長安城內有不少食客盈門的胡人酒肆，因雇傭胡姬侍酒，故而被稱為「胡姬酒肆」。

胡姬這一概念較為模糊，籠統地說，高鼻深目的胡人女性皆可稱為胡姬。唐代酒肆中的胡姬，不少是來自西亞、中亞一帶被販賣的女奴。除唐詩等文學作品之外，正史中鮮有關於胡姬的記載。我們可以從出土的錢幣、石雕、金銀器、陶俑、繪畫和壁畫等文物中一睹胡姬們的芳容。

（二）鷫鸘換美酒

倘若徜徉在長安的市中心——東西兩市，忽聞酒香四溢，撩人欲醉，卻囊中羞澀，如何是好？莫要愁眉不展，與今天人們日常交易中「一手交錢，一手交貨」的習慣有所不同，彼時的商人們更為注重人性化經營。社會上多種交易手段並存，除現錢交易外，酒肆還有抵押換酒，誠信賒欠等交易方式。

早在漢代，就有「以物換酒」之說。相傳，司馬相如與卓文君私奔到成都。窮困潦倒之際，司馬相如以名貴的鷫鸘裘衣換得美酒，[49]即李白詩中所言及的「鷫鸘換美酒」[50]的典故。「五花馬，千金裘，呼兒將出換美酒」[51]，「金貂有時換美酒」[52]等詩句亦為以物換酒的寫照。

唐代筆記小說《杜陽雜編》提到，同昌公主的步輦夫曾將宮中的錦衣留在酒肆以換取美酒。

一日，公主乘坐「芬馥滿路、晶熒照灼」的奢華步輦出遊，行至長安城廣化里的一家酒樓。公主的侍從宦官中貴人移步酒樓，樓內異香繚繞。他疑團滿腹地問道：「酒店內為何有奇香？」同席答曰：「這難道不是龍腦的香氣嗎？」中貴人回覆說：「非也。我年幼之時受職於嬪御宮，常聞此味，並非單純龍腦之味，不知今日為何會在此聞到。」於是向當壚的夥計一探究竟，竟被告知公主的步輦夫曾用錦衣在此換酒，中貴人「益嘆其異」。[53]

如果家貧如洗，實在沒有可作抵押的物件，便只有賒賬了。唐人將之視為平常事，詩聖嘗有名句：「酒債尋常何處有。」而其他詩人亦有「賒酒青門送楚人」[54]，「鄰舍見愁賒酒與」[55]，「市樓賒酒過青春」[56]等句，都是對唐代賒欠換酒的真實寫照。

憑信譽賒欠換酒，讓我憶起不少鄉村往事。那時，人們一旦有燃眉之需，若遇手頭拮据，就可以去村裡的便利店——「小店」裡賒賬。何時手頭寬裕了，便何時結賬。當地形成了一個約定俗成的準則：賒欠的賬目年終之前付清即可，此規則也適用於民間的普通借貸。一旦無力償還，小店夥計也不會來砸門破窗摔酒瓶，不過也許無法避免會遭遇一次溫和地討賬。一旦賒過數次未經償還，小店卻還會繼續賒給你，直到你無臉再賒為止。這也許就是傳統鄉村社會的溫情脈脈之處吧。

（三）杯酒同寄世

喜怒哀樂、愛恨情仇、悲歡離合，皆可在詩篇與美酒中恣意宣洩一番。錦心繡口的李白總是能將傷時感事、離愁別恨、羈途思歸之情在酒中醞釀出絕美的詩篇，渾然一體，宛若天成。

「溧陽酒樓三月春，楊花漠漠愁殺人。」[57]楊花，即柳絮。柳者，留也。當代詩人鄭愁予有詩云：「東風不來，三月的柳絮不飛。」[58]詩人們眼中的柳絮總飽含著幾多惆悵。陽春三月，李太白置身於溧陽城內的一家酒樓，臨窗而坐。窗外春色滿目，但他卻無心賞玩。柳絮紛飛，靡靡茫茫，此情此景，分外平添幾許愁思。面對著社稷將傾、滿目瘡痍的大唐，詩人愁腸寸斷。

「搖扇對酒樓，持袂把蟹螯。前途倘相思，登嶽一長謠。」[59]「金陵子弟來相送，欲行不行各盡觴。請君試問東流水，別意與之誰短長。」[60]友朋星散時的心境往往不似親人、戀人那般難捨難分。離別或重逢，也許會被黯然神傷或欣喜若狂之情所俘獲，但大多時候還是能泰然處之、談笑自若。

然則面對數年的骨肉分離，向來生性豪邁的李白，卻終於無法安之若素。

南風吹歸心，飛墮酒樓前。樓東一株桃，枝葉拂青煙。

此樹我所種，別來向三年。桃今與樓齊，我行尚未旋。
嬌女字平陽，折花倚桃邊。折花不見我，淚下如流泉。
小兒名伯禽，與姊亦齊肩。雙行桃樹下，撫背復誰憐。[61]

此時的李白身在此處，卻心在天外，他的靈魂盪盪悠悠地飛回千里之遙的東魯家中：女兒平陽手中擎著花兒，倚靠在父親手植的桃樹旁，思父至深以致淚如泉湧。幼子伯禽，如今已與姊齊肩。子女二人形影相隨，有誰撫背？有誰憐惜呢？一別三載，家中的一切是否安好？讀之不禁令人潸然淚下。

何止是李白，唐代的詩人們都格外擅長詩與酒的對話，「勸君更盡一杯酒，西出陽關無故人」[62]，離別之酒和著不捨之淚，一飲而盡。擲杯揚鞭，策馬西行，回望友人送別時孤寂的身影，漸行漸遠。穿越陽關，滿目荒涼迎面而來。耳畔狂風呼嘯，肆意揚起滿目黃沙，單調的馬蹄聲訴說著行人的孤單。在客居異鄉的不眠之夜，抬頭凝望著星空，遙想著故鄉溫柔的月亮。正如詩人席慕蓉所吟的那般：「故鄉的歌是一支清遠的笛，總在有月亮的晚上響起。」[63]

對於離愁別緒，或許邊塞詩人更有深入肺腑之感。「行路難，勸君酒，莫辭煩，美酒千鍾猶可盡，心中片愧何可論」[64]；「憐汝不忍別，送汝上酒樓。初行莫早發，且宿霸橋頭」[65]；「壚頭青絲白玉瓶，別時相顧酒如傾。搖鞭舉袂忽不見，千樹萬樹空蟬鳴」[66]；「送君繫馬青門口，胡姬壚頭勸君酒」[67]……美酒與離別的故事總是說不盡道不完。

五、看月尋花把酒杯

物轉星移，歲月偷逝。數千年來，好酒如命的文人指不勝屈：從數千年前的經典中所載的「我有好爵，吾與爾靡之」[68]，「伐木許許，釃酒有藇」[69]，到曹孟德所歌「何以解憂，唯有杜康」[70]，白樂天笑言「吳酒一杯春竹葉，吳娃雙舞醉芙蓉」[71]，劉夢得揮毫「無辭竹葉醉樽前，惟待見青天」[72]，再到李後主沉吟的「落花狼籍酒闌珊，笙歌醉夢間」[73]，唐伯虎狂歌「但願老死花酒間，不願鞠躬車馬前」[74]，納蘭容若低唱「被酒莫驚春睡重，賭書消得潑茶香」[75]……也許耽於觴酌方可使他們釋放真我真性情。

梁實秋云：「酒樓妓館處處笙歌，無時不飛觴醉月。文人雅士水邊修禊，山上登高，一向離不開酒。名士風流，以為持螯把酒，便足了一生，甚至於酣飲無度，揚言『死便埋我』。」

在文人雅士們眼中，瓊漿玉液與氣若幽蘭、絕世獨立之美人，千重紅錦、奼紫嫣紅之繁花，蔥翠欲滴、靜謐深遠之竹林，與眼前散發著幽幽清輝之殘月，耳畔呼呼勁吹之疾風，船底涓涓不壅之江水，以及繽紛飄零之落花，如血般鮮紅之夕陽，轉瞬即逝之春色等詩一般的意象皆如影隨形。席間的推杯換盞、笙歌曼舞，以及曲終人散，周而復始地上演著塵世的繁華與蒼涼。想必世事總難全，不如寄情於山水之間，灑脫地大醉一回。

註釋

1 〔宋〕竇蘋：《酒譜》之《酒之源》一，明唐宋叢書本。
2 〔唐〕孔穎達：《尚書註疏》卷第十一，清嘉慶二十年（西元一八一五年）南昌府學重刊宋本十三經注疏本。
3 〔先秦〕韓非：《韓非子》卷七，四部叢刊景清景宋鈔校本。
4 黏高粱，可以做酒，有的地區秫指高粱。
5 〔唐〕白居易：《問劉十九》，《白氏長慶集》之《白氏文集》卷第十七，四部叢刊景日本翻宋大字本。
6 〔唐〕李世民：《賜魏徵詩》，《全唐詩》卷一。
7 〔唐〕韓愈：《感春四首》，《全唐詩》卷三百三十八。
8 〔唐〕岑參：《與鮮于庶子泛漢江》，《全唐詩》卷二百。
9 〔唐〕李賀：《將進酒．琉璃鍾》，《全唐詩》卷十七。
10 〔唐〕李白：《客中作》，《李太白集》卷二十，宋刻本。
11 孫機：《中國古代物質文化》，中華書局，二〇一五年一月，頁五二—五三。
12 〔明〕李時珍：《本草綱目》卷二十五
13 〔明〕李時珍：《本草綱目》卷二十五。
14 〔唐〕李林甫：《唐六典》卷十六，明刻本。
15 西元七八〇—七八三年。
16 〔唐〕李肇：《唐國史補》卷下。

17 西元六二七年。
18 〔元〕郝經：《續後漢書》卷七十四《列傳》第七十一，清文淵閣四庫全書本。
19 羅竹風主編：《漢語大詞典縮印本（下卷）》，頁七七六九。
20 〔宋〕李昉：《太平御覽》卷第九百七十二《果木部》九。
21 古城國名。西元六四〇年為唐所滅。國都高昌城位於進新疆吐魯番境內。
22 〔宋〕李昉：《太平御覽》卷第九百七十二《果木部》九。
23 〔宋〕李昉：《太平御覽》卷第九百七十二《果木部》九。
24 〔唐〕李白：《對酒》，《李太白集》卷二十四。
25 〔唐〕李肇：《唐國史補》卷下。
26 〔唐〕李白：《客中作》，《李太白集》卷二十。
27 〔唐〕王翰：《涼州詞》。〔明〕澹圃主人：《大唐秦王詞話》卷二，明刊本。
28 〔唐〕李白：《襄陽歌》，《全唐詩》卷二十九。
29 景龍（七〇七—七一〇），唐中宗年號。
30 〔宋〕王讜：《唐語林》卷四。
31 〔唐〕馮贄：《雲仙雜記》卷二。
32 〔唐〕房玄齡：《晉書》卷四十九《列傳》第十九，清乾隆武英殿刻本。
33 〔劉宋〕劉義慶等著，張萬起等譯註：《世說新語》之《任誕》第二十三，中華書局，一九九八年八月，頁七二〇。
34 〔劉宋〕劉義慶等著，張萬起等譯註：《世說新語》之《任誕》第二十三，頁七一八。
35 〔唐〕杜甫著，〔清〕錢謙益注：《錢注杜詩》卷一，清康熙刻本。
36 〔五代〕王仁裕：《開元天寶遺事》卷下《夢筆頭生花》，明顧氏文房小說本。李白年輕時夢見所用的筆頭上生花，後來便成為眾所周知的大詩人的故事。

37 〔五代〕王仁裕：《開元天寶遺事》卷下《粲花之論》：「李白有天才俊逸之譽，每與人談論，皆成句讀，如春葩麗藻，粲於齒牙之下，時人號曰『李白粲花之論』。」
38 西元七四二—七五六年。
39 〔唐〕張說：《舞馬詞》，《全唐詩》卷二十八。
40 〔唐〕張說：《舞馬千秋萬歲樂府詞》，《全唐詩》卷二十九。
41 〔唐〕馮贄：《雲仙雜記》卷三。
42 尚剛：〈唐墓壁畫札記兩則〉，《文博》二〇一一年第三期。
43 〔唐〕元稹：《指巡胡》，《全唐詩》卷四百十。
44 〔唐〕杜牧：《江南春絕句》，《全唐詩》卷五百二十二。
45 〔唐〕劉長卿：《春望寄王涔陽》，《全唐詩》卷一百五十一。
46 〔唐〕陸龜蒙：《奉和襲美酒中十詠．酒壚》，《全唐詩》卷六百二十。
47 〔唐〕白居易：《東南行一百韻》，《白氏長慶集》之《白氏文集》卷第十六。
48 〔唐〕李白：《前有一樽酒行二首》，《全唐詩》卷一百六十二。
49 〔漢〕劉歆：《西京雜記》卷二。
50 〔唐〕李白：《怨歌行》，《全唐詩》卷二十。
51 〔唐〕李白：《將進酒》，《全唐詩》卷十七。
52 〔唐〕盧照鄰：《行路難》。〔清〕吳士玉：《駢字類編》卷六十八《珍寶門》三，清文淵閣四庫全書本。
53 〔唐〕蘇鶚：《杜陽雜編》卷下。
54 〔唐〕張喬：《贈進士顧雲》，《全唐詩》卷六百三十九。
55 〔唐〕周樸：《客州賃居寄蕭郎中》，《全唐詩》卷六百七十三。
56 〔唐〕許渾：《郊居春日有懷府中諸公並柬王兵曹》，《全唐詩》卷五百三十六。

57〔唐〕李白：《猛虎行》，《全唐詩》卷十九。
58鄭愁予：《錯誤》。
59〔唐〕李白：《送當塗趙少府赴長蘆》，《全唐詩》卷一百七十五。
60〔唐〕李白：《金陵酒肆留別》，《全唐詩》卷一百七十四。
61〔唐〕李白：《寄東魯二稚子（在金陵作）》，《全唐詩》卷一百七十二。
62〔唐〕王維：《渭城曲．送元二使安西》。
63席慕蓉：《鄉愁》。
64〔唐〕王昌齡：《行路難》，《全唐詩》卷一百四十二。
65〔唐〕岑參：《送郭乂雜言》。〔宋〕趙與虤：《娛書堂詩話》，清文淵閣四庫全書本。
66〔唐〕岑參：《送魏升卿擢第歸東都，因懷魏校書、陸渾、喬潭》，《全唐詩》卷一百九十九。壚是古代酒店前放酒甕的土臺子，也用作酒家的代稱。
67〔唐〕岑參：《送宇文南金放後歸太原寓居，因呈太原郝主簿》，《全唐詩》卷一百九十九。
68《易．中孚》。爵，為古代的一種酒器；靡，此處意為乾杯。
69程俊英譯註：《小雅．伐木》，《詩經譯註（圖文本）》，上海古籍出版社，二〇〇六年八月，頁243。
70〔漢〕曹操：《短歌行》。
71〔唐〕白居易：《憶江南詞三首》，《白氏長慶集》之《白氏文集》卷第六十七。
72〔唐〕劉禹錫：《憶江南》，《全唐詩》卷二十八。
73〔五代〕李煜：《阮郎歸》。〔五代〕趙崇祚：《花間集》之《花間集補》卷下，四部叢刊景明萬曆刊巾箱本。
74〔明〕唐寅：《桃花庵歌》，《唐伯虎先生集》外編卷一，明萬曆刻本。
75〔清〕納蘭性德：《浣溪沙．誰念西風獨自涼》。〔清〕況周頤：《蕙風詞話》卷二，民國刻惜陰堂叢書本。

第九章　猶見昔年妃子笑

一、荔枝新熟破玉顏

（一）千里荔枝為誰香

對於楊貴妃好食荔枝，古詩與典籍多有記載。千里傳送荔枝的談資為歷代文人騷客所津津樂道，時人依舊興致不減。縱使數千年以後，這個主題仍將不易衰退。故而今日老調重談一番。唐代杜牧詩云：

長安回望繡成堆，山頂千門次第開。一騎紅塵妃子笑，無人知是荔枝來。[1]

再如，蘇軾也曾詠歎：

> 十里一置飛塵灰，五里一堠兵火催。顛坑僕谷相枕藉，知是荔支龍眼來。飛車跨山鶻橫海，風枝露葉如新採。宮中美人一破顏，驚塵濺血流千載。[2]

除詩詞以外，正史亦提及貴妃好食荔枝的事實。《新唐書》中記載：「妃嗜荔支，必欲生致之，乃置驛傳送，走數千里，味未變已至京師。」[3]貴妃嗜食荔枝，且每每欲得新鮮荔枝。於是朝廷利用驛站進行傳送，歷經萬水千山的荔枝竟能色味不變而至貴妃駕前。

荔枝肉甘、性溫、微酸，可養肝血、填精髓、悅顏色。明代藥學家李時珍提及，常食荔枝還具有「補腦健身」的功效。古今中外，世間女子最關切的問題莫過於如何玉顏永駐，宮廷女子尤甚。外似紅顏，內如玉肌的荔枝既有調攝之效，又可頤養容顏，想來這就是貴妃對荔枝情有獨鍾的一大緣由吧。但是，另有傳言認為貴妃形體肥胖，屬陽虛體質，因宮寒導致不孕，從而斷言貴妃食荔枝是為緩解其宮寒之症。

一個荔枝三把火，荔枝雖妙，多食會引發內熱。貴妃形體豐美，且喜食荔枝，探尋清肺消火的祕訣迫在眉睫。

> 貴妃素有肉體，至夏苦熱，常有肺渴，每日含一玉魚兒於口中，蓋借其涼津沃肺也。[4]

昔年，曾得一塊玉觀音，母親告訴我，把它含在口中會有些許涼意，一試果不其然。玉器在肌膚的滋養後存在一定的溫度，若此時將其噙在嘴裡，仍會有一絲冰涼沁潤舌尖。貴妃以玉魚兒的這種特性來減輕肺熱之苦，巧妙絕倫。

> 貴妃每宿，酒初消，多苦肺熱，嘗凌晨獨游後苑，傍花樹，以手舉枝，口吸花露，借其露液，潤於肺也。[5]

盛夏的凌晨，苑中漸生微涼，蟲聲止歇，萬籟俱寂，一切安謐自在，可回想起來，這或許正是如日中天的大唐王朝極盛漸衰的光景呢。月光清冷，深宮內苑樹影婆娑，滿樹繁花倏然綻放。一位遍體異香的美人兒佇立花蔭下，觥籌交錯之後，她臉泛紅暈、醉眼惺忪。在酒精與其他熱性食物的侵蝕下，她時常口乾舌焦，遂以口吸花露潤燥。貴妃的玉指托起錦簇的花團，素面朝天。隨之，一絲幽香俏皮地鑽入她精緻的鼻孔，輕啟朱唇，汲取鮮翠欲滴的清露之後，頓覺口舌生津，通體沁涼。此情此景，堪與貴妃出浴圖描摹的景象相媲美。

（二）世間珍果更無加

在古文獻中，荔枝也被稱為「荔支」、「離支」。

荔枝是嶺南的特產之一，唐代開元年間的名相張九齡恰為嶺南人。張九齡的政治作風有口皆碑，在文學造詣上更被玄宗譽為「文場之元帥」。張九齡曾為故鄉的荔枝作賦，即《荔枝賦》一文，該文對荔枝的讚譽溢於言表。

自《荔枝賦》中可窺見，張九齡眼中的湘橘、葡萄、李子、柿子、甜瓜、梨子，甚至與荔枝齊名的龍眼，皆是凡品，在荔枝面前，何足道哉！此文開篇點明，「果之美者，厥有荔枝」。[6]荔枝，一種神於醴露的凡間水果，堪與瑤池的玉液瓊漿一爭高低。

誠如張九齡所言，荔枝樹所在之處雲煙升騰，如孔雀與翠鳥的憩息之所那般，氤氳著一股祥瑞之氣。它們吸收了南國天地之靈氣，經歷嚴冬酷暑，甚至硝煙瀰漫、戰火紛爭卻依舊生意盎然。樹蔭鬱鬱蔥蔥，樹體挺拔，樹形團團如帷蓋，主幹粗大，需要多人合圍。黛綠色的荔枝葉像極了桂樹的葉片，它們高懸在淡黃色的枝丫上，經過陽光和雨露的滋養，分外蓊鬱蔥蘢。其根頗有靈氣，盤踞之處，既非低溼的窪地，也非險峻的重巒，不高不低，恰如其分。

農曆三月，溫和溼潤的南風吹來，細色的小碎花綴滿了整個荔枝園。在繁花似錦的三月裡，它們貌不驚人卻芳馨撲鼻，想必這濃郁的香氣正是昭示著果實的甘甜。此時，枝頭青果累累，果實表皮的片峰如龍鱗一般密密匝匝地排列著。荔枝雖未成熟，但飽滿的身軀宣告著它們未來將會是圓潤多汁的。

翹首以待夏日的來臨，各色荔枝開始爭先恐後地成熟了。將硃紅色的表皮破開，裹著果肉的是一層淺紫色的薄膜，有如罩在玉肌外的一層輕紗。輕輕地揭開薄膜，凝如水晶、溫潤如玉的果肉華麗現身了！

荔枝的美味，已被古人們說窮道完。張九齡曾言，荔枝的甘滋與眾不同、無與倫比，即使再華美的辭藻也難以道盡它的滋味。蔡襄亦云，其味之至，難以名狀。荔枝肉食之甘甜，即使在千萬棵果樹中，也難以找出味道一模一樣的兩棵荔枝樹。曠世奇才們都說「非精言能悉」[7]，「不可得而狀也」[8]，僅以「味特甘滋」或「以甘為味」來形容，平庸的我，怎會有比他們更精妙的文辭呢？

彼時初嚐荔枝時的景況，事隔多年我仍記憶猶新。昔年，我和鄰居家的兩兄妹在其門口席地而坐。他們的堂哥從外面回來，不知從哪裡變出三個「松果」，依次分給我們。我手裡擎著那個圓滾滾、紅撲撲，卻扎得有點手疼的小東西，仔細端詳好半天，詫異地問道：「這不是松果嗎？」他們的堂哥看著我，淺淺一笑，卻並不作答。我將信將疑地把「松果」剝開，裡面露出白如凝脂的果肉，汁液飽滿得直往外溢，只好先吮而吸之。此時頓覺有一股清香沁入心脾，味甘如「糖霜茶」一般，卻並不發膩。肉質厚實，質地綿軟而不乏韌性，頃刻口舌生津，詫為異味。

我歡蹦亂跳地回到家中，似哥倫布發現新大陸一般地告訴母親：「姆媽姆媽，為什麼我們拿樹樸[9]當柴燒？它其實是可以吃的！」母親卻被這突如其來的難題問得一頭霧水。有趣的是，這個疑問在我那童稚的歲月裡曾多年揮之不去。

在遠離集市的閉塞小山村裡，家家戶戶自種的水果基本上能夠自給自足：草莓、楊梅、葡萄、西瓜、桃子、李子、梨子、橘子、棗子、高橙[10]、欒[11]、柿子、荸薺[12]以及甘蔗等，亞熱帶地區四時常見的水果，一應俱全。再者，加上當時的經濟條件，就更沒有去集市購買新鮮荔枝這樣的豪舉了。不過，荔枝乾較常有。舊時走親訪友，特別是拜年的時候，捎上幾份「桂圓包」與「荔枝包」，亦不失體面。所謂的桂圓包、荔枝包，其實是故鄉百姓對包裹在又粗又厚的暗黃色包裝紙內的桂圓乾與荔枝乾的稱呼。

來自荔枝另一重要產區福建的蔡襄，他的專著《荔枝譜》中透露閩地有三十餘種荔枝。然而，唐代全國的荔枝品種仍無從知悉。

現今荔枝的品種五花八門，其中的掛綠、桂味，以及糯米糍被列為荔枝上品，前者尤為珍稀。

在各色品種的荔枝中，桂味因三大特色而聞名於世：體形最小、核最細，且果肉散發著淡淡的桂花香。桂味果殼薄脆，為淺紅色，龜裂片突起，呈尖銳的圓錐形。其果實如羊脂般透亮，肉質厚實，清潤甘美，伴有桂花的甜香，甘而不膩，回味無窮。

糯米糍呈上大下小的扁心形，表皮鮮紅，片峰平滑，果肩隆起，蒂部略凹，果頂渾圓，肉厚核小，甜到發膩。

比起桂味與糯米糍，掛綠更勝一籌，為荔枝中難得之珍品。自清代起，掛綠就被詩人崔弼奉為「荔枝中第一品」，其色微紅帶綠，故名掛綠。大多荔枝在剝開後，漿液外流，而掛綠堅瑩似玉，漿汁內斂，入口脆如霜梨，清甜可口，香美之至，冠於群荔。

諸色荔枝中，較早熟的品種是三月紅，至每年五月人們便可嚐鮮。此外，還有圓枝、黑葉、元紅、蘭竹、陳紫、白臘、白糖罂、妃子笑、水晶球、大紅袍、懷雪子、犀角子、進奉、紅皮、將軍荔、香荔、鵝蛋荔、尚書懷、無核荔、早紅、桂林、下番枝、大早、靈山、捕木葉、蛇荔等，名目之多，令人眼花繚亂。

其中的尚書懷與妃子笑，初聞大名就知它們飽含著歷史風韻。

據傳，明代官至吏、禮、兵三部尚書的湛甘泉把福建的良種荔枝核帶回家鄉廣東增城，交與鄉人到當地的四望崗上培植。十多年後，崗上荔枝成林。我想，湛尚書一定把寶貴的良種荔枝核揣入懷中，千里迢迢帶回故鄉的，否則何來尚書懷之名？荔枝成林，便是對其知遇之恩的最佳回報。

妃子笑別名玉荷包，其名來自於楊貴妃，而是否當真為楊貴妃所食的荔枝品種，想必是好事者的附會。

在古代，荔枝的高貴地位能作為敬獻宗廟的祭品，其珍奇稀有又可成為進貢佳品。然而，由於它們生長在偏僻之處，成熟之際正當暑熱之時，極難保存。所謂「亭十里而莫致，門九重兮曷通？」[13]要想被遠在長安，且有著重重宮門阻隔的權貴們相知，需要千載難逢的機遇，人生不正是如此嗎？

機緣巧合，千餘年前的某一日，荔枝竟擺脫了它偏居一隅的困境，跨越江河險阻，被千里傳驛至長安，從而打開了大唐皇城的九重宮門。它們的伯樂，就是唐玄宗的寵妃楊貴妃。

二、身如柳絮盡隨風

楊玉環，身為舉世矚目的大唐貴妃，一生中卻存在著諸多無可奈何。自幼年時起，命運便對她開始了無情的捉弄。因為父親的離世，她從蜀地輾轉至洛陽的叔父家中。後嫁與壽王，踏上前往長安的征程。數年以後，已為人婦的玉環，搖身一變，成為唐宮三千佳麗之一。想來這一切，皆是宿命。

（一）楊家有女初長成

楊玉環究系何處人士，歷來眾說紛紜，有蒲州永樂[14]、弘農華陰[15]，以及蜀州[16]之說。楊氏的祖籍雖不甚明瞭，而出生地為蜀地這一點相對明確。從古至今，不少學者認定她出生於蜀地。《唐國史補》記載：「楊貴妃生於蜀，好食荔枝。」[17]《舊唐書》中又道明其父玄琰為蜀州司戶，若以此判斷蜀地為玉環的出生地，並非不經之談。《太平御覽》沿用蜀地之說，以中國中古政治制度史與歷史地理研究而蜚聲史壇的嚴耕望先生也持此說。

唐時，蜀地氣候較為溫暖，存在幾大荔枝產區。楊貴妃生於此處，愛食荔枝，入宮以後對兒時的味道夢寐不忘，言之成理。

唐開元七年[18]，也就是楊玄琰二十一歲那年，遠在蜀州的楊家新添了一位粉雕玉琢的女娃。匪夷所思的是，這位區區司戶家庭出身的女娃，二十多年以後會步入長安的後廷，並成為當今天子的寵妃。更難以想象的是，這位將來集三千寵愛於一身的絕代佳人，卻有著不堪回首的幼年時光。開元十七年[19]，十歲左右的玉環因父離世，只得投奔在洛陽為官的叔父。洛陽，作為大唐王朝的東都，其繁華程度絕不亞於帝都長安。玉環同洛陽的結緣，與其日後的飛黃騰達息息相關。

（二）一見如故許終身

開元二十三年[20]，楊玉環走出「養在深閨人未識」的叔父家，應邀參加武惠妃之女咸宜公主同駙馬楊洄的婚禮。在婚禮上，正值意氣風發之年的壽王李瑁對玉環一見傾心。咸宜公主與壽王同為唐玄宗寵妃武惠妃所出，養尊處優，頗得聖寵。

婚宴後不久，剛過及笄之年的玉環在武惠妃的力主下，被玄宗冊封為壽王妃。在大唐，有相當長的一段時間保持著李、武、韋、楊四族的聯姻。論家世背景，楊玉環極有可能出身於顯赫的弘農楊氏，將其視如己出的叔父在洛陽亦堪稱達官顯貴，因而被選中並無不合理之處。誠然，能夠在眾多豪門閨秀中豔壓群芳，且獲得武惠妃的首肯，是玉環的魅力所在。

壽王李瑁，原名李清。其生母武惠妃是武則天的堂侄武攸止之女，同時也是武則天的孫媳婦。她工於心計，屢次用計謀害玄宗的髮妻王皇后以及多位皇子。當年因武周王朝的垮臺而淪落為宮女的武氏，自開元年間起，竟深得玄宗的寵幸，一時權傾後宮，然而經歷多次懷孕，孩子卻無一倖存。

李瑁的順利誕生，終於讓她舒了一口氣。出於各方考慮，尚在襁褓的尊貴皇子被收養於別處。開元十三年[21]，李瑁被封為壽王，重新開始他的宮中生活。兩年後，又遙領益州大都督，兼任劍南節度大使。此時的李瑁，紆青拖紫，服冕乘軒，何其得意！

（三）一朝選在君王側

婚後，壽王與玉環兩人鶼鰈情深數載。然則，彩雲易散，身為壽王妃的楊氏竟被自己的公爹盯上。此時的唐玄宗雖已不再春秋鼎盛，卻仍然「五欲」未滅。曾經的幸運兒——十八郎李瑁，必然憂憤至極，無以言表。李隆基生於垂拱元年[22]，足足長了楊氏三十四歲。面對一個已過天命之年，身分敏感卻又權傾天下的男人，未知楊氏作何感想。

唐玄宗著手實施蓄謀已久的納妃計畫，不少輿論認為他同時也加快了把江山社稷推向懸崖的步伐。開元二十八年[23]，玄宗打著為母親竇太后祈福的旗號，敕令楊氏出家為女道士，道號「太真」。天寶四載[24]七月，唐玄宗冊立韋氏為壽王妃。同年八月，他又迫不及待地封楊玉環為貴妃，上演了史上驚人的一齣扒灰門。宮中人稱「娘子」的玉環，實際禮遇等同於皇后。

幸而，早在數年前，武惠妃已經薨逝，假如讓她目睹眼前這一切，情何以堪！武氏心機頗重，年僅三十九歲就一命嗚呼了。聽聞武氏自從陷害太子等人之後，患上疑心病，不時看到他們的鬼魂，後來竟一病不起。誠如清代曹雪芹對王熙鳳的喟嘆：「機關算盡太聰明，反算了卿卿性命。」[25]

《新唐書》記載，由於武氏去世，玄宗覺得後宮無一合意者，在旁人進言之下，才決定召玉環入宮。雖說史學家有還原歷史真相的義務，但是不少史家仍然習慣於「為尊者諱」。個人認為，《新唐書》中的說法純粹是為唐玄宗的荒唐行徑尋找託辭。「後宮佳麗三千人」，「三千」雖未必是實數，但如此龐大的後宮，當真無一合意者？得到佳人之後，玄宗正如劉禹錫詩中所吟的那般：「開元天子萬事足，唯惜當時光景促。」[26]可對於天下的美女，皇帝們總是欲壑難填。即使大費周章地冊封貴妃以後，玄宗依然無法改變風流天子的本性。

終唐一代，前有唐太宗幸弟婦楊氏，復有高宗妻父妾武氏，後有玄宗奪子妻楊氏，其行為幾乎如出一轍。想來是個人欲望、最高權力，以及唐代社會的高度胡化，三者的相遇導致了如此荒誕不經的局面。

貴妃姿質豐豔，白居易形容她「溫泉水滑洗凝脂」[27]，「回眸一笑百媚生，六宮粉黛無顏色」。[28]李白則盛讚其「雲想衣裳花想容，春風拂檻露華濃」。[29]她精通音律，能歌善舞，尤其擅長玄宗所好的西域胡旋舞和霓裳羽衣舞。

自從廢黜了王皇后，玄宗的後位長期懸空。再者，楊玉環自受封後，《新唐書》說她「專房宴，宮中號『娘子』，儀體與皇后等」。[30]然而，多年之後，貴妃仍是貴妃，最終也未被冊立為后。原因何在呢？

雖說天子擁有至高無上的權力，但一涉及如立後等重大政治事件時，他們還是無法我行我素。加之玄宗對楊氏曾經的尷尬身分可能也有所顧慮，而且她入宮多年仍無子嗣。值得一提的是，當時太子李亨已立多年，玄宗如果僅憑個人喜好廢立太子，勢必會引發一系列政治糾紛，作為「開元盛世」的締造者，必定會有此顧慮。抑或在玄宗眼裡，楊氏只不過是其眾多情婦之一而已，正宮的頭銜，只能授予朝廷重臣之女，他所能給予的，只有世間尋常女子所享受不到的萬般榮寵。史籍並未給出明確的答案，我們所能做的，只是依託史實，加以適度推斷。

楊玉環十七歲出嫁，到三十八歲消逝，二十餘年間先後委身於兩個男人，為何卻不曾生育？這也是許多人疑惑不解的話題。

唐玄宗是唐代子女「產量」最高的皇帝，其一生共有三十位皇子，二十九位公主，另有說法是皇子三十位，公主三十一位。儘管玄宗的生育能力如此旺盛，但冊封楊貴妃之時他已經六十一歲，此外也無從查考其後他是否育有其他子女，因而年逾花甲的玄宗暫且不論。

然而，風華正茂的李瑁卻不得不提。李瑁與楊氏結為連理數載，卻並無子嗣。天寶四載[31]，楊玉環受命出家後的第六個春秋，玄宗冊立韋昭訓之女為壽王妃。婚後，壽王李瑁與韋氏生養五個兒子，這點足以證明問題並未出在他的身上。

顯然，楊玉環不育的可能性較大。傳說，玉環為掩蓋其體味，誤用含有麝香的太真紅玉膏而導致不孕。該方以杏仁、麝香等為主要原料，使用數日後便可顏面紅潤悅澤、色如紅玉，且又芳香怡人。紅玉膏的奇妙功效的確讓不少愛美的女子欲罷不能，但此方中的麝香卻是導致不孕的元凶。古代不少醫書涉及多種紅玉膏，證明此方在歷史上確實有跡可循。

據《飛燕外傳》記載，漢代成帝後宮的趙飛燕為使盛寵長在，長期依賴一種名為息肌丸的藥物。將此藥塞進肚臍眼中，藥效會自行融入體內，令人膚白勝雪，明眸善睞，並具有催情的效果。不過，該方內含麝香，長期使用會損傷子宮，導致女性絕經，無法生育。

楊貴妃未給唐玄宗留下任何子嗣，縱使如此，玄宗對她依然恩寵無邊。英國作家蘭姆（Charles Lamb）說過，孩子沒有什麼稀奇，等於陰溝裡的老鼠一樣，到處都有。唐玄宗的子女多達六十餘個，也許對於他而言，子嗣有何稀罕呢？

三、一騎紅塵獻荔枝

(一)開元鮮荔自何方

為博取美人一笑,唐玄宗命人數千里飛驛新鮮荔枝。在一千多年前,何方的鮮荔枝在尚不變味之前能夠送至貴妃眼前呢?要想揭曉這一點,得先從我國的荔枝產地談起。

今天,荔枝的主要產區在福建、兩廣,四川瀘州的合江縣一帶尚有規模種植。閩地盛產荔枝的歷史可追溯至唐宋時期。宋代蔡襄提到,閩中的福州、興化、泉州、漳州四地都有荔枝的出產。其中,福州最多,荔枝樹延迤原野。興化軍[32]的尤為奇特,泉州、漳州的荔枝在宋代也已知名。

對於荔枝的「鮮獻」,蔡襄提出了質疑,雖美名其曰為「鮮獻」,以唐代的傳驛速度,從閩地速遞至長安,除腐爛的荔枝以外,色香味俱存者又剩幾何?因而,他認為中原人並未見過新鮮荔枝。與蔡襄同時代的曾鞏也曾斷言,福建歲貢的是荔枝乾而非新鮮荔枝。[33]

唐代時期,貴妃食用的荔枝究竟源於何處,至今尚無定論。不過,嶺南與蜀地之說頗得人心。耐人尋味的是,唐代人常說荔枝來自嶺南,而北宋中葉以後的記載大多表明荔枝來自涪州。

1.嶺南

嶺南出產的荔枝常為世人所稱道，張九齡也對嶺南荔枝大加讚譽，認為該地的荔枝尤為甘滋，百果之中，無一可與之媲美。曾經謫居嶺南的蘇軾也對之稱頌有加：「日啖荔枝三百顆，不妨長作嶺南人。」[34]

早在漢代，嶺南地區就有進貢荔枝之事。東漢和帝時期，古代的快遞員——健步，為進獻龍眼與荔枝而喪命者不計其數，更不論其中喪生的馬匹數目了。

蘇軾曾對統治者勞民傷財的行徑提出過深刻的批判：「顛坑僕谷相枕藉，知是荔枝龍眼來」；「宮中美人一破顏，驚塵濺血流千載」。瑩白如雪的荔枝竟以無數生命「驚塵濺血」為代價，不知養尊處優的宮中權貴知曉此事後是否還有食欲下嚥呢？

至唐代，嶺南進貢荔枝的史實更為明確。正史《舊唐書．地理志》記載：「嶺南道廣州南海郡，土貢：荔支。」唐憲宗時代的李肇在《唐國史補》裡也談到：「楊貴妃……好食荔枝，南海所生尤勝蜀者，故每歲飛馳以進。」[35]

據此，嶺南理所當然地被視為荔枝進貢之地，然則，對於嶺南所貢的是否為新鮮荔枝，尚不明確。按照我們的生活經驗，荔枝是一種極易腐敗的水果。白居易在《荔枝圖序》中論及：「（荔枝）若離本枝，一日而色變，二日而香變，三日而味變，四五日外，色香味盡去矣。」荔枝主要的成熟期在夏季，採摘後極難保存，三日之內可致色、香、味俱消。此外，李肇在《唐國史補》也補充道：「然方暑而熟，經宿則敗，後人皆不知之。」[36]荔枝成熟之際恰逢酷暑時節，過夜則味變。

可想而知，如果不採用特殊的保鮮手段，就算依照唐代驛馬日行近七百里的極限[37]，嶺南的新鮮荔枝送抵長安而未變質，完全是天方夜譚。雖然中國古代藏冰與用冰的歷史至少可追溯至西周時代，西周以降，歷代王朝均設有專職官員或機構執掌藏冰事宜。然則在盛夏時節，從嶺南到長安這段距離的車馬顛簸，冰塊的存儲和保溫必定是一個相當大的技術難題。再者，對荔枝特性瞭若指掌的唐人張九齡也曾言明其「亭十里而莫致」。所以，貴妃所食的生荔枝，應當來自他處。

2. 蜀地

回溯至唐時的蜀地，北緯三十一度以南的成都、重慶、宜賓、瀘州、涪陵、樂山和雅安等地的河谷附近均有荔枝的種植。其中，位於南部的宜賓、瀘州、樂山，以及涪陵等地的荔枝，無論從產量和質量上都優於其他幾處。荔枝是一種對水熱條件要求極高的植物，唐代的四川較現在溫暖，當年的荔枝大致沿著其生長的北界分布。

唐宋時期，蜀地的荔枝以涪州所產者最負盛名，宋代不少史籍也透露貴妃所食的鮮荔枝出自涪州。此地的荔枝顆圓肉肥，品質絕不遜於嶺南所出，據說運抵長安後色香尚存，深得貴妃芳心，因而早已名聲在外。

蔡襄在《荔枝譜》中對家鄉福建荔枝的讚賞，情見乎詞，但他不得不承認，天寶年間[38]，朝廷每年遣使將涪州的荔枝送往長安，而非福建或嶺南的荔枝。宋人吳曾進一步證實唐王朝從涪州進貢新鮮荔枝。他說，涪州有妃子園，盛產荔枝，楊貴妃嗜食鮮荔枝，利用驛騎傳遞，從涪州到長安有便道，不出七天就能送達。但涪陵的地方誌提出，三日即可送達。涪州至長安，全程大約一千公里，即使按照唐代急驛日行五百里的速度，三天或七天之內驛送至長安，合乎情理。

成書於北宋初年的《太平寰宇記》記載，涪州下屬的樂溫縣所出的荔枝，滋味遠勝該地其他各縣所產。當時的樂溫縣，現已不存。《輿地紀勝》中亦言及，涪州城西十五里處有妃子園，植有百餘株荔枝樹。所謂「一騎紅塵妃子笑，無人知是荔枝來」指的正是此處。

（二）蜀道之難尤可登

無論是樂溫縣，還是妃子園，大體皆指向今天重慶涪陵區西部至長壽區一帶。唐都長安，位於四川盆地的東北方向，而涪州樂溫縣大體位於唐時四川荔枝穩定產區的東北部。從空間來看，該地正好是距離長安最近的荔枝產區。李唐皇室選取涪州的生荔枝嚐鮮，勢必有過周詳的策畫。

由長安通往蜀地的道路在古代被稱為蜀道。蜀道穿越秦嶺和大巴山，深溝高壑，蜿蜒崎嶇，步履維艱，詩仙李白曾作「蜀道之難，難於上青天」[39]之句。儘管蜀道如此難登，數千年來，人們依然通過蜀道往來於秦蜀兩地。

早在秦漢時期，穿越秦嶺的川陝通道基本形成。共有四條主道，自西向東分別為陳倉道、褒斜道、儻駱道，以及子午道。漢中是四條主道的交通樞紐，自漢中出發往南，可依次穿越金牛道、米倉道和洋巴道。其中，洋巴道又稱荔枝道。

嚴耕望先生在《天寶荔枝道》中考證出唐宮荔枝的來源，以及由產地涪州樂溫縣至長安的飛驛路線：循溶溪水[40]河谷北上，經墊江縣[41]、梁山縣[42]至通州東境之新寧縣[43]、東鄉縣[44]，再北過宣漢[45]，與涪州東北行至忠州治所臨江縣[46]、萬州治所南浦縣[47]、開州治所盛山縣[48]北上，穿越巴山山脈，至天寶間的洋州治所西鄉縣[49]。又向東北方越過巴山山脈至西鄉取子午谷路，進入距長安正南百里的子午關。全程共一一二〇公里。[50]

近年，復旦大學歷史地理研究中心鄒怡結合由秦入蜀的最新路線對荔枝道進行分析，並透過繪製地圖進行細說。他認為，唐玄宗時的荔枝道，自今天重慶市長壽區長壽湖畔出發，大體依循S102、S202省道，沿明月山北上。到開江縣的講治鎮，向西繞過明月山。再利用開江縣新寧河，穿越七里峽山，入宣漢縣。沿宣漢縣州河，達州市的羅江鎮後轉入G210國道，依次穿越大巴山和秦嶺，到達關中平原。其間，存在天險川東平行褶皺山脈和秦巴山地的阻隔，荔枝道並未強行翻越，而是利用天然河谷，避難趨易。此線與嚴耕望的查考結果基本吻合。

如今，在這幾條道路上風馳電掣而行的過客，是否知道他們匆匆而過的旅途，恰巧是當年為大唐貴妃千里傳送荔枝的交通要道呢？

近年，荔枝道考古有著新的動向：四川省文物考古研究院於二〇一五年三月六日至十一日組織「二〇一五荔枝道考古探險」，邀請來自故宮博物院、國家博物館、北京大學、中國人民大學、日本阪南大學和重慶市文化遺產研究院等單位的十六位考古學、交通史與文化遺產等方面的專家。此次考古證實荔枝道是從當今涪陵一帶，經由宣漢、萬源與漢中等地，最終抵達長安，從距離、物產和遺蹟等方面來看，與文獻記載以及前文學者們的考證總體一致。新發現杜家灣唐代摩崖造像、紫雲坪盤陀寺，以及宣漢縣新華鎮拱橋灣遺蹟群等十處重要遺存，大致確定荔枝道在四川萬源市境內的走向。杜家灣唐代摩崖造像為本次考古探險最重要的發現之一，有一佛、二弟子、二菩薩、二力士、二金剛及天龍八部等題材。

面對著古道上的遺蹟，千餘年的嗖嗖疾風，唐王朝的噠噠馬蹄聲，似乎都在耳邊呼嘯而過。荔枝古道，隨著貴妃的香消玉殞以及其後唐帝國的分崩離析開始逐漸走向衰落，唯有幾絲陳跡留與後人追思。

四、富貴沉浮嘆平生

（一）為受明皇恩寵盛

前文提及，楊貴妃寵孌專房，「儀體與皇后等」。專門負責貴妃織錦、刺繡以及打造各色金玉首飾的服務人員，約達上千人。貴妃所穿之奇服，所用之祕玩，變化如神。四方官員競相進貢的天下奇珍，動駭耳目。其中，嶺南節度使張九章、廣陵長史王翼，由於獻寶最多而得以節節高升。於是，此風愈演愈烈。

雖說獨享盛寵是貴妃入宮後的主基調，期間也有兩段不和諧的小插曲，事後玄宗的言行卻愈發顯露出對貴妃的無比寵溺。

天寶初年[54]的一日，貴妃被遣送至堂兄楊銛府第。玄宗半日不思飲食，無名怒火接連不斷，又對左右隨從橫加鞭撻。身旁的高力士目睹了這一切，他悉心揣摩聖意，提議將貴妃在宮中的所食所用送至楊府。玄宗應允，少頃，楊府內瞬間多出百餘車源於皇宮的物件，其中就有玄宗所賜的御膳。

當天傍晚，深得帝心的高力士奏請召還貴妃，玄宗終於有臺階可下。貴妃一見玄宗，便立刻伏地請罪。玄宗見狀，迅速攙起她，殷勤地執手安慰了許久，待之更勝當初。

這種反反覆覆、你退我進的感情近乎於民間尋常的歡喜冤家。貴妃之於玄宗，絕非僅僅是用皇權霸占的尤物。在重男輕女的傳統社會裡，民間一度以生女為幸事，亦絕非僅僅因貴妃榮寵過盛所致。

高力士在此次事件中扮演了一個重要角色，同時也證明他格外擅長於察言觀色、逢迎上意。在不少人心目中，高力士是一個小頭銳面的奸宦形象。他曾協助玄宗平定韋后與太平公主的叛亂，玄宗統治期間，其地位達到頂峰，累官至驃騎大將軍、開府儀同三司，封齊國公，玄宗時常感概：「力士當上，我寢則穩。」[52]

兩人和好如初的次日，楊家的韓國、虢國與秦國三位夫人來到宮中祝賀。玄宗樂得眉眼俱開，「帝驟賜左右不可貲」[53]。各位命婦從玄宗那裡得到每年上百萬錢的脂粉費，儘管如此，虢國夫人卻常常不施脂粉，並非因為心疼脂粉錢，而是自炫美豔，於是就有了「素面朝天」這一成語。此外，貴妃的族兄楊銛因此事而加官進爵，位列上柱國。想必當值的侍從們也交了好運。至於先前被玄宗無端狠抽的小廝們，一定也得了不少賞賜。在場諸位皆歡天喜地稱謝而去。

天寶九載[54]，貴妃又一次被遣送出宮，相同的情景在大唐再一度上演。貴妃甚至加演一出尋死覓活的苦情戲，她對玄宗的來使張韜光說：「妾有罪當萬誅，然膚髮外皆上所賜，今且死，無以報。」[55]隨即，持刀斬斷一縷青絲，故作視死如歸狀，並且道明：「以此留訣。」[56]玄宗見到頭髮之後，急得腹熱腸慌。旋即，召貴妃入宮，禮遇恩寵照舊。事後，玄宗親臨秦國夫人及楊國忠宅第，賜予兩家錢財鉅萬，想來貴妃這次出宮後曾駕臨他們的府邸。《新唐書》說貴妃「智算警穎，迎意輒悟」[57]，故此她絕非毫無情致之人，而是一位才情卓絕的女子，顯然不會無端觸怒聖上。即便有意為之，她對玄宗事後的態度似乎有十足的把握。貴妃兩次忤逆玄宗而被遣，必定事出有因。《資治通鑑》記載她因「妒悍不遜」[58]而引起玄宗不快，「妒」字暗示著風流天子在擁有貴妃之後，並非心無旁騖，或許仍未停下收納宮人的腳步。

一人得道，雞犬升天。楊貴妃的受寵帶給楊家一門無上的榮耀：其父楊玄琰被追尊為太尉、齊國公，併為他設立家廟，作為前任公爹和現任賢婿的玄宗親自為之書寫碑文；叔父楊玄珪被提拔為光祿卿；其中一位堂兄楊銛官拜鴻臚寺卿；另一位堂兄楊錡不僅被封為侍御史，還成為玄宗掌上明珠太華公主的駙馬；另一位族兄——早年淪為市井之徒的楊國忠享有輔政專權，其子楊昢、楊暄分別娶萬春公主與延和郡主為妻；國忠之弟楊鑑，與李唐宗室的承榮郡主結為夫婦；貴妃的大姊、三姊、八姊依次被冊封為韓國夫人、虢國夫人，以及秦國夫人，連玄宗都尊稱她們一聲「姨」。

楊氏兄弟姊妹五家的宅邸鱗次櫛比、蔚為壯觀，有仿效皇宮之勢。他們每建造一個殿堂大致要花費上千萬錢，一旦發現別家的宅子勝於他們，就下令拆毀重新修築。楊家動輒大興土木，日夜不息，且必以瑰麗豪華相互誇耀。玄宗每得奇珍異寶或四方貢奉都會分賞五家，皇宮來使相繼於道，五家如一。

楊國忠府第中，以百寶裝飾的御賜木芍藥欄楯——百寶欄，「雖帝宮之美，不可及也」[59]；以沉香、檀香、麝香、乳香篩土和泥裝飾的四香閣，「禁中沉香之亭遠不侔此壯麗也」[60]；虢國夫人有夜明枕，「光照一室，不假燈燭」[61]；韓國夫人的百枝樹燈，「高八十尺，豎之高山上，元夜點之，百里皆見，光明奪月色也」[62]。

大唐歷代天子將長安近郊的驪山華清宮作為別宮。華清宮以溫泉譽滿天下，又名湯泉宮、溫泉宮，有長湯十八處，其中兩處奉御，餘下十六處供嬪妃們沐浴。奉御湯中，飾以「文瑤密石」、玉蓮以及錦雁等物，玄宗與貴妃「施鈒鏤小舟，戲玩於其間」。[63]宮中退水時，棄水自金溝流出，漂浮其間的珠瓔寶珞被衝到街上的溝渠裡，守候在此的貧民日有所得。

唐玄宗習慣於每年十月遊幸華清宮，出遊時，楊氏五家的人馬皆隨同前往。每家為一隊，每隊身著一色服飾，五家的隊伍匯合，爛若萬花，連山川深谷都被點綴得錦繡萬分。沿途失落的釵環、鞋靴狼藉於道，珠璣瑟瑟作響，香飄數十里。

為了維護楊家，玄宗甚至連親生女兒都漠然置之。建平、信成二位公主對楊家人不敬，乃至被父皇玄宗追討封賞之物。信成公主的駙馬都尉——銀青光祿大夫獨孤明竟也因此烏紗不保。

天寶十載[64]正月十五日夜，楊家與廣寧公主的僕從就誰先過西市大門而起爭執。粗蠻橫暴的楊氏家奴揮鞭呵斥，豈知鞭子觸及公主的衣衫。公主受到驚嚇，一個跟頭從馬上栽了下來，狼狽地倒在地上。駙馬都尉當即去扶她，也捱了數鞭。公主當然覺得屈辱萬分，進宮向父皇哭訴，玄宗下詔杖殺楊氏家奴，但同時竟罷黜了駙馬的官爵。面對貴妃那不甚討喜的家族，玄宗表現得愈來愈不像皇帝。

楊氏三位夫人獲得玄宗的特許，可自由出入宮廷，《新唐書》稱之「恩寵聲焰震天下」[65]。每當三位命婦進宮，連深受父兄寵溺的持盈公主都謙讓萬分，不敢入席。向她們請託的朝中大小官員接踵而至，四方來客求結交、求獻禮者絡繹不絕，門庭若市。

楊銛與秦國夫人早死，相對來說，韓國、虢國二夫人，以及楊國忠盡享榮華富貴的日子最久。諸王子孫凡遇婚聘之事，必定先請韓國、虢國兩位夫人促成，無不如願，她們可從中撈取鉅額酬金。

（二）恨魄無因離馬嵬

天寶十四載[66]，深受玄宗眷愛的安祿山以誅楊國忠為名，並大加指責貴妃姊妹的諸條罪狀，發動叛亂，震撼大唐王朝的「安史之亂」爆發。祥和太平的盛世在這一刻驟變，盛唐從此變成再也不能到達的烏托邦。次年，貴妃隨玄宗落魄逃亡蜀中，途經馬嵬驛[67]。舊曆六月十四日，隨行將士處死宰相楊國忠，並威逼楊玉環自盡，史稱「馬嵬驛兵變」。

在此次兵變中，楊氏家族遭受滅頂之災。《新唐書》與《舊唐書》對此記錄得頗為簡略，而《資治通鑑》則比較詳細。本書此處結合兩《唐書》與《資治通鑑》的記載，詳述玄宗朝乃至大唐帝國的這一歷史鉅變。

適逢農曆六月分，唐玄宗一行途經馬嵬坡。逃亡生涯中的他們飢渴交加，疲憊不堪，外加暑熱難當。其中，士兵們最為勞神費力，他們在不斷奔波的同時，還要時刻提高警惕護駕，又需隨時準備應戰，心生怨憤在所難免。

禁軍的龍武大將軍陳玄禮把矛頭直指楊貴妃的族兄楊國忠，說天下大亂之禍因其所致，隨即讓東宮宦官李輔國向太子轉達誅殺楊國忠的建議，太子李亨猶豫未決。此時，正巧二十餘位吐蕃使節攔住楊國忠的坐騎，向他哭訴食不果腹的窘境。楊國忠尚未回覆，士兵們驀地揚聲大喝：「楊國忠與胡人謀反啦！」話音剛落，就有亂箭射中國忠的馬鞍，他大驚失色，奪路而逃。一路拼命奔至馬嵬驛西門內，卻還是未能逃脫士兵們的追殺。少頃，馬嵬驛的西門外，赫然插起一支懸著楊國忠頭顱的長矛，用以示眾。

之後，士兵們又殺死楊國忠之子——時任戶部侍郎的楊暄，以及被這突如其來的變故驚得花容失色的韓國夫人與虢國夫人。

御史大夫魏方進不識時務，對亂兵們大加指責。誰料話音未落，只看到一柱噴泉般的鮮血飛濺到黃土之上，魏方進的頭顱隨即落地。此時，韋見素還在驛站內，對四圍大作的雜聲有所察覺，於是出門打探，卻被亂兵們的鞭子抽得頭破血流，命在須臾，還好眾人及時制止才倖免於難。

頃刻之間，眾將士把驛站四周團團包圍。玄宗聽見外面的喧譁之聲，心生不祥之感，遂問左右侍從何事，被告知楊國忠造反。於是玄宗走出驛門，故作鎮定，還對軍士們加以慰勞，並命其撤走，軍士們卻杵在原地不動。此時，玄宗察覺出異樣，示意心腹高力士向禁軍將領陳玄禮問明。陳玄禮大義凜然地回稟道：「楊國忠叛亂已被將士們殺死，楊貴妃也不該再侍奉陛下了，願陛割愛，將貴妃處死！」玄宗僅冷冷地扔下一句：「此事由我自行處置！」

隨後，玄宗步入驛站內，他無力地拄著楞杖，側首而立，似乎有些心力交瘁。片晌，京兆司錄參軍上前進言：「現在眾怒難犯，千鈞一髮，望陛下速速決斷！」說完就跪下以頭擊地，須臾之間血流滿室。玄宗為愛妃辯解道：「貴妃久居深宮，怎知楊國忠謀反？」此時，曾在貴妃鞍前馬後奉承的高力士一語道破：「貴妃確實無罪，但將士們已將楊國忠正法，而貴妃還在陛下身邊，他們如何安心！陛下現在的安危完全在於將士們的安寧。」

玄宗無奈，只得與貴妃訣別，而後命人把她引至佛堂內，將其勒死，並召陳玄禮至驛庭驗屍。其後，貴妃被葬於馬嵬驛西面大道旁。

「瘞於驛西道側」[68]，這短短數個觸目驚心的字眼便是史書對貴妃最終歸宿的記錄，實可嘆玉骨委塵沙！真應了後人那句「半世浮萍隨逝水，一宵冷雨葬名花」。[69]那位占卜先生，雖曾卜出了貴妃富貴無涯的人生，卻未算到她的命裡會有此一劫。晚唐詩人李商隱的那首《馬嵬》嘆曰：

海外徒聞更九州，他生未卜此生休。
空聞虎旅鳴宵柝，無復雞人報曉籌。
此日六軍同駐馬，當時七夕笑牽牛。
如何四紀為天子，不及盧家有莫愁。[70]

唐玄宗離開傷心之地馬嵬坡，繼續向前進發，不久來至蜀地。大隊人馬步入斜谷後，連綿不斷地降了十餘日的磅　大雨，隊伍只得在棧道上駐足停留。悽風苦雨吹打在鑾鈴上，清亮的鈴聲與風雨聲相互交織，在崇山峻嶺之間久久迴盪，玄宗有感而發，泫然流淚。經歷了安史之亂的他，再也不能如往昔那般「雙肩承一喙，俯仰天地間」了。此時的玄宗雖已落魄，卻依舊才思泉湧，在此作《雨霖鈴》一曲以悼貴妃，遙寄哀思與遺恨。詞牌《雨霖鈴》正是起源於此。

瘞玉埋香，幾番風雨之後，玄宗唯有反反覆覆地品咂過往，或許只有如此方能給他萬念俱灰的風燭殘生帶來些許慰藉。在七十八歲那年，他終於和貴妃在幽冥界重逢。

五、因見荔枝思楊妃

貴妃已逝。今天，依然隨處可見的荔枝把我們的思緒拉回至千餘年前的盛唐。笑靨如花面，猶疑落照中。貴妃曾經的歡歌笑語、蹁躚鳳舞在馬嵬坡血紅的殘照裡戛然而止。那一年，她三十八歲。膚勝凝脂、面如芙蓉、蛾眉宛轉、半偏雲鬢、飄飄仙袂……悉數化為一灘汙血、一具遊魂。貴妃享受的萬千寵愛，伴隨著同至高權力牽扯不清的愛情，一齊風吹香散。這位神祕而悲情的女子，在世人的注目與追憶之中徒留悽楚的背影，如今能昭示其存在的，唯有那首短短二十八字的《贈張雲容舞》了：

羅袖動香香不已，紅蕖嫋嫋秋煙裡。
輕雲嶺上乍搖風，嫩柳池邊初拂水。[71]

註釋

1 〔唐〕杜牧：《過華清宮絕句三首》，《全唐詩》卷五百二十一。
2 〔宋〕蘇軾：《荔支嘆一首》，《蘇文忠公全集》之《東坡後集》卷五，明成化本。
3 〔宋〕歐陽修：《新唐書》卷七十六《列傳》第一《后妃》上。
4 〔五代〕王仁裕：《開元天寶遺事》卷下《含玉咽津》。
5 〔五代〕王仁裕：《開元天寶遺事》卷下《吸花露》。

6 〔唐〕張九齡：《荔枝賦‧並序》，《曲江集》之《曲江張先生文集》卷之一，四部叢刊景明成化本。

7 〔唐〕張九齡：《荔枝賦‧並序》，《曲江集》之《曲江張先生文集》卷之一。

8 〔元〕陶宗儀編：《說郛三種》一百卷本之卷七七，頁一一一二。

9 音讀，台州方言，即松果。

10 浙江省溫嶺市傳統的地方品種，分布在該市的城南鎮、橫山鄉、塢根鄉、江廈鄉、溫嶠鎮、石橋頭鎮、高龍鄉、東浦鎮、東浦農場等地，已被認定為中國地理標誌證明商標。

11 也稱文旦或文旦欒，屬柚子的一個品種，原產浙江省玉環縣，生長勢強，果大，最大可達3500克以上，肉質脆嫩，有香氣。

12 荸薺在南方某些地區也可作為水果食用。

13 〔唐〕張九齡：《荔枝賦‧並序》，《曲江集》之《曲江張先生文集》卷之一。

14 今山西永濟。

15 今陝西華陰。

16 今四川成都。

17 〔唐〕李肇：《唐國史補》卷上。

18 西元七一九年。

19 西元七二九年。

20 西元七三五年。

21 西元七二五年。

22 西元六八五年。

23 西元七四〇年。

24 西元七四五年。

25 〔清〕曹雪芹：《紅樓夢》第五回《賈寶玉神遊太虛境，警幻仙曲演紅樓夢》。
26 〔唐〕劉禹錫：《三鄉驛樓伏睹玄宗望女幾山詩小臣斐然有感》，《全唐詩》卷三百五十六。
27 〔唐〕白居易：《長恨歌》，《全唐詩》卷四百三十五。
28 〔唐〕白居易：《長恨歌》，《全唐詩》卷四百三十五。
29 〔唐〕李白：《清平調．其一》，《李太白集》卷一。
30 〔宋〕歐陽修：《新唐書》卷七十六《列傳》第一《后妃》上。
31 西元七四五年。
32 古代軍級行政區名。轄境大體相當於今福建莆田。
33 〔元〕陶宗儀編：《說郛三種》一百卷本之卷七七，頁一一一二。
34 〔宋〕蘇軾：《惠州一絕》，《蘇文忠公全集》之《東坡續集》卷二。
35 〔唐〕李肇：《唐國史補》卷上。
36 〔唐〕李肇：《唐國史補》卷上。
37 嚴耕望：〈天寶荔枝道〉，《唐代交通圖考》第四卷《山劍滇黔區》篇二七，中央研究院歷史語言研究所，一九八六年一月，頁一〇三七。唐代急驛日行五百里，為給貴妃鮮獻荔枝，專門在此基礎上加至七百里。
38 西元七四二—七六年。
39 〔唐〕李白：《蜀道難》，《李太白集》卷三。
40 即今龍溪河，發源於重慶市梁平區境內，流經梁平、墊江，在長壽區注入長江，全長二二一公里。
41 位於長江上游地區，重慶東北部。
42 四川省梁山縣，今名為重慶市梁平區，位於重慶市東北部。
43 今縣名開江，隸屬於四川省達州市，地處四川省東部，大巴山南麓。
44 位於今宣漢縣東部，該縣隸屬於四川省達州市。

45 今宣漢縣東北頗遠。
46 臨江縣治今忠州鎮，位在長江邊上。
47 大致為今重慶東北部萬州區。
48 大致為今重慶東北部開州區。
49 位於今縣南。
50 嚴耕望：〈天寶荔枝道〉，《唐代交通圖考》，頁一〇二九—一〇三七。
51 西元七四二年為天寶元年。
52 〔五代〕劉昫：《舊唐書》卷一百八十四《列傳》第一百三十四《宦官》。
53 〔宋〕歐陽修：《新唐書》卷七十六《列傳》第一《后妃》上。
54 西元七五〇年。
55 〔宋〕歐陽修：《新唐書》卷七十六《列傳》第一《后妃》上。
56 〔宋〕歐陽修：《新唐書》卷七十六《列傳》第一《后妃》上。
57 〔宋〕歐陽修：《新唐書》卷七十六《列傳》第一《后妃》上。
58 〔宋〕司馬光：《資治通鑑》卷第二百一十五《唐紀》三十一。
59 〔五代〕王仁裕：《開元天寶遺事》卷下《百寶欄》。
60 〔五代〕王仁裕：《開元天寶遺事》卷下《四香閣》。
61 〔五代〕王仁裕：《開元天寶遺事》卷下《夜明枕》。
62 〔五代〕王仁裕：《開元天寶遺事》卷下《百枝樹燈》。
63 〔五代〕王仁裕：《開元天寶遺事》卷下《長湯十六所》《錦雁》。
64 西元七五一年。
65 〔宋〕歐陽修：《新唐書》卷七十六《列傳》第一《后妃》上。

66 西元七五五年。

67 今陝西興平市西。

68 〔五代〕劉昫：《舊唐書》卷五十二《列傳》第二《后妃》下。

69 〔清〕納蘭性德：《通志堂集》卷七，清康熙三十年（西元一六九一年）徐乾學刻本。

70 〔五代〕韋穀：《才調集》卷六《古律雜歌詩一百首》，四部叢刊景清錢曾述古堂景宋鈔本。

71 〔唐〕楊貴妃：《贈張雲容舞》。〔宋〕洪邁：《萬首唐人絕句》卷六十五，明嘉靖刻本。

後記

本書的後記，還是毫無新意的致謝。雖說老調重彈，卻不得不談。

在此首先要感謝以下兩位：王雨吟女士與丁傑先生。我與本書的結緣是透過雨吟，寫作期間，她在百忙之中給予我不少無私的幫助。丁傑兄，一位素未謀面卻相識多年的摯友，他是一年來從頭至尾最關注本書的一位。他還是我初稿的第一位讀者，其真知灼見與細緻入微令人受益匪淺。

其次，要感謝其他所有給過本人寶貴建議的其他良師益友。此處頗值得一提的是筆者母校復旦大學的各位老師，如歷史地理研究中心的鄒怡教授，漢唐文獻工作室的唐雯教授，以及中文系的朱剛教授等。此外，本人還要向潘建國、周嶠、呂朋等諸位同窗致謝。

敝人曾兩次請鄒師作序，皆因其工作繁忙被拒，但願不是本人才疏學淺或恐拙著辱其大名所致。即便如此，仍要感謝他。因為每當我向其索要資料時，他總是不厭其煩、有求必應。

再者，感謝父母兄弟以及好友們的一路支持，先生也是我創作的強大精神後盾。

最後，寫作期間身體也曾出過點狀況，感謝放生兄遠渡重洋而來的護身符。從提筆到定稿，再到修改的近兩年時間裡，雖不能說我是用生命在寫作，卻也時常聞雞起舞、挑燈夜戰。雖然夙興夜寐，但因本人水平有限，想必還有不少紕漏與訛誤，還望各位專家與讀者批評指正，不甚感激！

張金貞

二〇一八年立夏

國家圖書館出版品預行編目資料

辨一桌大唐饗宴：唐朝廚房有什麼？從西域胡食到帝王御膳，兼容天下的美食文明初體驗／張金貞著. -- 初版. -- 臺北市：麥田出版：家庭傳媒城邦分公司發行, 2020.09
面；　公分. --（歷史選書；79）
ISBN 978-986-344-801-3（平裝）
1.飲食風俗　2.文化史・唐代
538.782　　109009653

歷史選書 79

辨一桌大唐饗宴

唐朝廚房有什麼？從西域胡食到帝王御膳，兼容天下的美食文明初體驗

作　　者／張金貞
特 約 編 輯／吳菡
主　　編／林怡君

國 際 版 權／吳玲緯
行　　銷／巫維珍　蘇莞婷　何維民　林圃君
業　　務／李再星　陳紫晴　陳美燕　葉晉源
編 輯 總 監／劉麗真
總 經 理／陳逸瑛
發 行 人／凃玉雲
出　　版／麥田出版
10483臺北市民生東路二段141號5樓
電話：(886)2-2500-7696　傳真：(886)2-2500-1967
發　　行／英屬蓋曼群島商家庭傳媒股份有限公司城邦分公司
10483臺北市民生東路二段141號11樓
客服服務專線：(886) 2-2500-7718、2500-7719
24小時傳真服務：(886) 2-2500-1990、2500-1991
服務時間：週一至週五09:30-12:00・13:30-17:00
郵撥帳號：19863813　戶名：書虫股份有限公司
讀者服務信箱E-mail：service@readingclub.com.tw
麥 田 網 址／https://www.facebook.com/RyeField.Cite/
香港發行所／城邦（香港）出版集團有限公司
香港灣仔駱克道193號東超商業中心1/F
電話：(852)2508-6231　傳真：(852)2578-9337
馬新發行所／城邦（馬新）出版集團Cite (M) Sdn Bhd.
41-3, Jalan Radin Anum, Bandar Baru Sri Petaling, 57000 Kuala Lumpur, Malaysia.
電話：(603)9056-3833　傳真：(603)9057-6622
讀者服務信箱：services@cite.my

封 面 設 計／廖勁智
印　　刷／前進彩藝有限公司

■2020年9月8日　初版一刷　　Printed in Taiwan.

定價：360元

ISBN 978-986-344-801-3